Atlantikküste

von Lissabon bis zur Straße von Gibraltar

Atlantikküste

**von Lissabon bis zur
Straße von Gibraltar**

DSV-Verlag

Lissabon – Brücke des 25. April

Ein Wort zuvor

Die Küste zwischen Lissabon und der Strasse von Gibraltar ist ein Segelrevier abseits bekannter Pfade. Es liegt außerhalb des Mittelmeerraumes bietet aber zwischen Cabo Sao Vicente und Tarifa durchaus die Segnungen des mediterranen Klimas, ohne im Sommer jedoch ganz harte Hitzemaxima zu erreichen. Von Jahr zu Jahr werden die spanische Costa de la Luz und die portugiesische Küste als Segelrevier immer beliebter, ohne jedoch auch nur annähernd die Bootsdichte vieler anderer mediterraner Küstenabschnitte zu erreichen. Hier hat man noch Platz und das nicht nur auf dem Wasser, sondern auch im Hafen. Viele neue Häfen bieten sich dem Besucher an und es werden noch mehr.

Sowohl die andalusische Bezirksregierung als auch die Portugiesen tun viel für den Yachttourismus. Warum das Revier nur zögernd angenommen wird, ist eigentlich nicht zu verstehen, an den Segelbedingungen kann es jedenfalls nicht liegen, die sind ausgezeichnet und für jeden Geschmack geeignet. Oder gibt es doch so etwas wie Respekt vor den schier unendlichen Weiten des Atlantiks? Wie dem auch sei, bin ich sicher, dass niemand von diesem Revier enttäuscht sein wird und wahrscheinlich wiederkommt, wenn er es einmal für sich entdeckt hat. Bei dieser Entdeckung wünsche ich Ihnen viel Vergnügen!

Volker Lipps

Piktogramm-Erklärung

Gastlieger	Mastenkran	Schiffsausrüster
Ankerplatz	Kran	Bank
Hafenmeister	Trailerbahn	Apotheke
Toilette	Slip	Arzt
Dusche	Diesel/Benzin	Bootsservice
Wasser	Altölentsorgung	Werft
Strom	Entsorgung	Segelmacher
Abfallbehälter	Telefon	Zoll
Waschmaschine	Markt/Kaufmann	

Cabo São Vicente

Inhalt

I. Einführung

Allgemeine Angaben

Über eine Strecke von knapp 300 Meilen wechseln nicht nur verschiedene Landschaftsräume, sondern man bewegt sich in völlig unterschiedlichen Landschaften. Bei einer Reise von Lissabon zur Strasse von Gibraltar lernt man drei unterschiedliche Landschaftsformen kennen. Zum einen die Strecke zwischen Lissabon und dem Cabo São Vicente. Hier regiert der portugiesische Norder, jener im Sommer ständig von Nord nach Süd wehende Wind, der eine Fahrt entlang der Küste zu einem Vergnügen machen kann, wenn es nach Süden geht, und zur Qual werden kann, wenn man in Gegenrichtung segeln möchte. Die Hafendichte auf diesem ca. 100 Meilen langen Teilstück ist extrem niedrig und so stellt dieses Stück hohe Anforderungen an das seglerische Können der Mannschaft. Völlig anders ist die Situation, hat man Cabo São Vicente gerundet und die portugiesische Algarveküste erreicht. In der Regel weht der Wind hier ablandig, die atlantische Dünung ist nur noch wenig spürbar. Meinte man vorher, ein nördliches Revier erlebt zu haben, wird es jetzt schon spürbar mediterraner. Die Hafendichte nimmt auch schlagartig zu, obgleich die Häfen niemals so nahe beieinander liegen wie das dem Mittelmeersegler bekannt ist. Sind es im Mittelmeer die Buchten und Ankerplätze, die das Bild prägen, so sind es im Bereich zwischen Cabo Sao Vicente und Cabo Trafalgar die Flußmündungen, die dem Revier einen besonderen Reiz verleihen. Sie stellen aber auch gleichzeitig, vor allem in Kombination mit den nennenswerten Tidenströmungen und Hubhöhen der Tide, hohe Ansprüche an die Schiffsführung. In jüngster Zeit hat das Angebot an Charterschiffen deutlich zugenommen. Und in Algarve und dem weit geschwungenen Golf von Cadiz können auch weniger geübte Crews sehr wohl auf ihre Kosten kommen. Aber auch für den Hochseesegler bieten sich lange, auch küstenferne Schläge an. Sowohl die Junta de Andalucia als auch die portugiesischen Behörden haben in den vergangenen Jahren sehr viel in den Segelsport westlich der Säulen des Herakles, wie die Strasse von Gibraltar seit alters her

Küstenlinie bei Lagos

genannt wird, investiert. Neue Marinas sind in großer Zahl entstanden und es bedarf keiner besonderen prophetischen Gabe, dem Revier eine große Zukunft vorauszusagen. Vermutlich liegt die aktuelle Leere daran, daß viele Segler unterbewußt einen großen Respekt vor den Weiten des Atlantiks haben und sich in den küstennahen geschützten Revieren des Mittelmeers vielleicht deswegen wohler fühlen. Dabei sind die Segelbedingungen auf dem Atlantik keineswegs schlechter als z. B. im Mittelmeer – ganz im Gegenteil scheinen sie sogar berechenbarer zu sein, da sie nicht so heftigen und schnellen Veränderungen unterliegen. Daher kann das Revier zwischen Cabo de São Vicente und Cabo Trafalgar mit Einschränkungen sogar Anfängern nahegelegt werden. Das trifft aber auf keinen Fall für die Gewässer südöstlich Cabo Trafalgars zu, d. h. der Einfahrt zur Strasse von Gibraltar. Die Winde wehen hier fast das ganze Jahr über hart und auch der Großschiffsverkehr in der Straße von Gibraltar ist nicht zu unterschätzen – also kein Revier für Ungeübte. Noch ein Punkt mag, obgleich natürlich ständiger Veränderung unterliegend, vorsichtig als Argument herangezogen werden, das Revier zwischen Lissabon und der Strasse von Gibraltar zu bevorzugen – es sind die Liegegebühren. Sie sind spürbar günstiger als z. B. im Mittelmeer. Übrigens gilt das auch für die Lebenshaltungskosten am Festland, die – zumindest im spanischen Teil der Strecke – ebenfalls angenehm auffallen. Unangenehm lautstarke touristische Auswüchse bleiben dem Segler an der Küste erspart – auch die Architektur ist nur an ganz wenigen Stellen der Algarveküste landschaftsverschandelnd und – dies fällt besonders positiv auf – ist nur dort extrem vorangetrieben worden, wo der Segler gar keinen Hafen vorfindet und daher auch nicht gestört werden kann. Daneben hat der Küstenstrich auch kulturhistorisch für Europa große Bedeutung. Sämtliche großen Entdeckungsfahrten der beginnenden Neuzeit starteten von hier aus. Man denke an die Fahrten eines Diaz, eines Vasco da Gamas oder die berühmten Entdeckungsfahrten des Kolumbus, die ebenfalls in den Flußmündungen der Costa de la Luz begannen.

Bei Lagos

Landschaft

Der Landschaftscharakter wechselt auf der Strecke zwischen Lissabon und Gibraltar. Im nördlichen Teil dieses Abschnittes zwischen Lissabon und Cabo São Vicente hat man es mit einer ungegliederten Kliffküste zu tun. Die Berge stehen weit im Hinterland und wirken eher hügelig geschwungen. Es gibt kaum markante Landeindrücke. Schon deutlich anders wirkt die Küste im westlichen Teil von Algarve. Dort wo die Sierra de Monchique sich zu knapp 1.000 m Höhe aufschwingt sieht das Land bergiger aus. Die Küste ist steil und nur selten von engen Taleinschnitten, die zumeist in einen feinsandigen Strand auslaufen, durchbrochen. Je weiter man nach Osten in die Bucht von Cadiz hineinläuft, desto flacher wird das Hinterland. Zumeist verschwimmt es im Sommer im feuchten Dunst. Das Einzige, was von See her klar auszumachen ist, ist dann noch eine helle Strandlinie und dahinter grüne Pinien, soweit das Auge reicht. Die Berge verschwinden vollständig aus dem Blickbereich. Hier fangen die Flußmündungen der großen Flüsse Guadalquivir, Odiel und Guadiana an. Sie machen den ganzen Charme

dieses Teils der Küste aus. Nicht von ungefähr existiert im Mündungsgebiet des Guadalquivir das größte Sumpfgebiet und Feuchtbiotop Europas, die Coto de Doñana. Hierhin zieht es schon seit langem insbesondere Ornithologen aus ganz Europa. Seltene Vogelarten, aber auch Schlangen und Echsen bevölkern das sumpfige Hinterland. Da das gesamte Gebiet Naturreservat ist, fehlt es auch gottlob an einer Bebauung an der Küstenlinie. Das bedeutet an dieser Stelle aber auch, daß Landmarken für die Navigation so gut wie fehlen. Man sollte sich der Küste hier also nur mit Vorsicht nähern und lernt – trotz Küstennähe – ein GPS als praktisches Instrument schätzen. Erst bei Cadiz beginnt im Hinterland wieder der bergige Eindruck zu überwiegen. In der Ferne – klare Sicht vorausgesetzt – erhebt sich die spektakuläre Sierra de Ronda mit Höhen über 1.000 m. Die flachsandige Küste der Doñana geht wieder in Hügellandschaft über.

Geschichte

Wie kaum in einer anderen Gegend Europas ist die Geschichte der Landschaft zwischen Lissabon und

Gibraltar von Seeherrschaft und Seehandel geprägt. Kaum jemandem ist bewußt, daß schon die Phönizier um 1200 v. Chr. jenseits der Säulen des Herakles, dem damaligen Ende der Welt, Handelsniederlassungen gründeten, die nach damaligen Vorstellungen schon Städte waren. So geht die Gründung der heutigen Stadt Cadiz auf eine solche phönizische Siedlung zurück. Es waren Zwischenstationen, u. a. für den Seehandel mit den Britischen Inseln, von denen schon damals z. B. Zinn in den Mittelmeerraum exportiert wurde. Sämtliche, damals wichtigen Schiffahrts- und Handelsrouten führten an diesem Küstenstrich vorbei.

Römische Herrschaft, Vökerwanderung und maurische Invasion prägen den kulturellen Eindruck zum Teil bis heute. Von überragender Bedeutung für die Gegend war allerdings das Zeitalter der Entdeckungen. Untrennbar hiermit verbunden ist der Name von Heinrich dem Seefahrer, der, 1394 geboren, 1419 Gouverneur der Algarve wurde. Er errichtete in Sagres eine Seefahrerschule, die mit ihren nautischen und geographischen Forschungen den Grundstein für die Entdeckungsreisen legte. Diese Seefahrtsschule vereinte das damalige geographische und nautische Wissen, gerade hierin liegt wohl die große Kulturleistung Heinrichs. Übrigens wurde in Sagres auch der Schiffstyp der Karavelle entwickelt, eher kleine, wendige und relativ gut am Wind segelnde Schiffe, mit denen die portugiesischen Entdeckungsfahrten nach Indien erst möglich wurden. Der Schiffstyp wurde übrigens auch später von Kolumbus für seine Entdeckungsfahrten bevorzugt.

Nach den Entdeckungen folgte die wirtschaftliche Ausbeutung der neuen Welt. Die Gewürze Indiens und das Gold Süd- und Mittelamerikas fanden den Weg nach Europa über die Seehäfen zwischen Lissabon und Gibraltar. Es ist wohl eine merkwürdige Laune des Schicksals, daß heute die Wege des Rauschgifts einen ähnlichen Verlauf nehmen.

Später dann, zur napoleonischen Zeit, standen sich England und Frankreich, das die Iberische Halbinsel zeitweise besetzt hatte, im Golf von Cadiz verfeindet gegenüber. Die Gegend hatte wegen ihrer guten Verkehrsverbindungen zu Mittelamerika und als Flanke für die Einfahrt ins Mittelmeer erhebliche strategische Bedeutung. Die englisch-französische Rivalität mündete

Lissabon – Entdeckerdenkmal

am 21. Oktober 1805 in der Schlacht nahe bei Cabo Trafalgar, eine der größten Seeschlachten der Neuzeit, die England bekanntlich für sich entschied und so den strategisch wichtigen Eingang ins Mittelmeer unter Kontrolle behielt.

Seekarten – Seehandbücher

Amtliche spanische Seekarten:
SP 44B und SP 44A, Maßstab 1 : 175.000

Amtliche deutsche Seekarten:
D 1054, Maßstab 1 : 250.000;
D 1055, Maßstab 1 : 250.000;
D 309, Maßstab 1 : 100.000

Amtliche britische Seekarten:
BA 3636, Maßstab 1 : 200.000;
BA 89, Maßstab 1 : 175.000;
BA 90, Maßstab 1 : 175.000;
BA 92, Maßstab 1 : 400.000

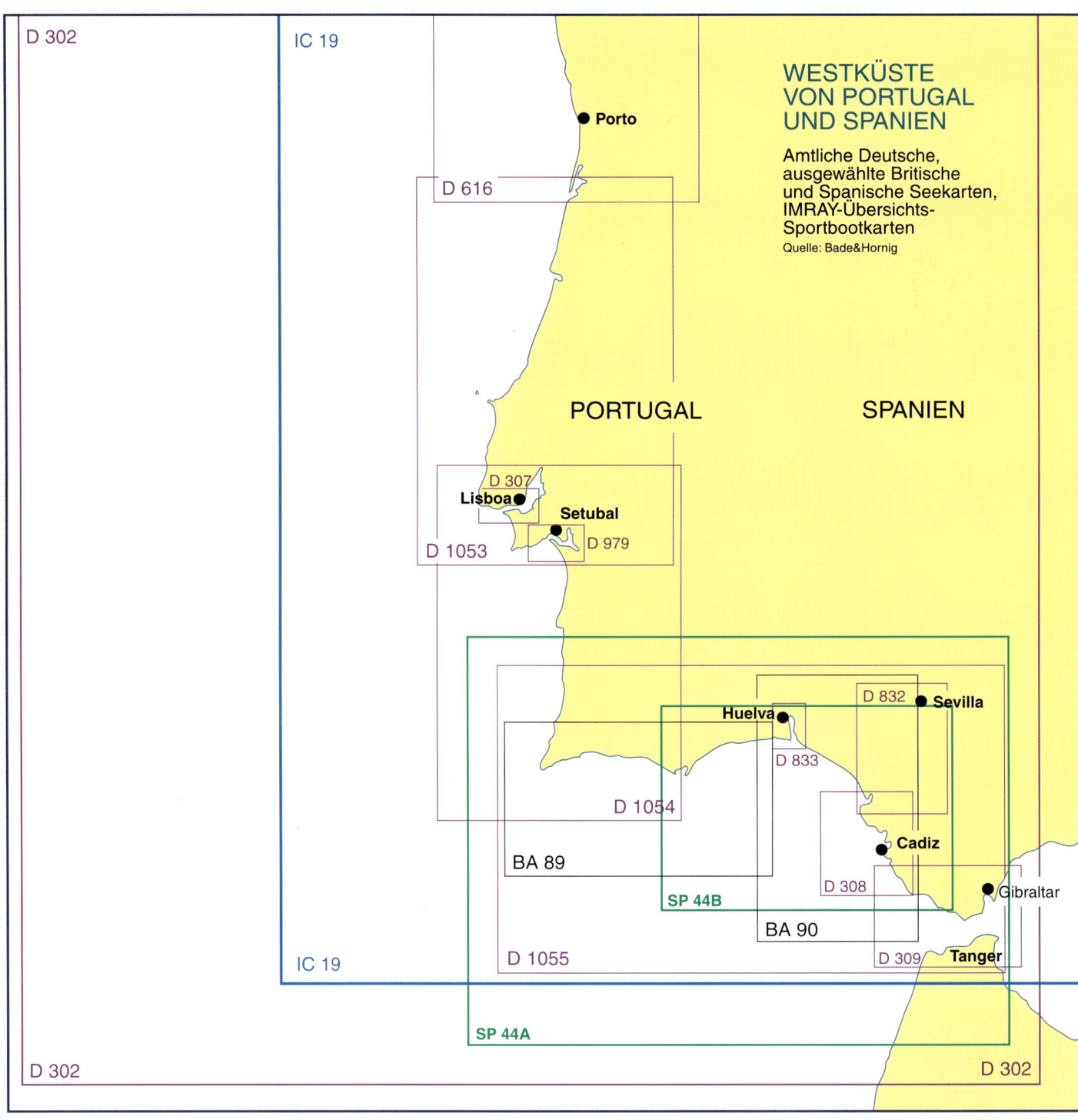

WESTKÜSTE
VON PORTUGAL
UND SPANIEN

Amtliche Deutsche,
ausgewählte Britische
und Spanische Seekarten,
IMRAY-Übersichts-
Sportbootkarten
Quelle: Bade&Hornig

Sportbootkarten sind für den beschriebenen Küstenabschnitt nicht erhältlich.

Seehandbücher
Atlantikküste Spaniens und Portugals (BSH 2025)
Revierführer Atlantik, DSV-Verlag

Leuchtfeuerverzeichnis
Eastern Atlantic and Western Indian Oceans
NP 77 vol. D

Nautischer Funkdienst des BSH
Band 1 – Funkverkehr – Küstenfunkstellen
Band 2 – Funkortung, Wetterfunk und Eisfunk
Band 3 – Revierfunk

Es empfiehlt sich, Literatur und Seekarten schon rechtzeitig vor dem Törn in Deutschland zu besorgen. Erfahrungsgemäß sind vor Ort diese Artikel kaum erhältlich.

Klima, Windverhältnisse, Gezeiten, Strömungen

Klima
Das Klima des hier beschriebenen Fahrtgebietes zeichnet sich durch seine das ganze Jahr über herrschende relative Milde aus. Die Winter sind bei weitem nicht so kühl wie im Mittelmeer und die Sommer nicht so heiß wie sie im Mittelmeer sein können. Auffällig insbesondere ist aber auch, daß Wetterschwankungen sich bei weitem nicht so rasant entwickeln, wie das im Mittelmeer der Fall ist. Wenn man hier als Vergleichsmaßstab ständig das mediterrane Klima heranzieht, so nur deshalb, weil dieses Revier insbesondere als Alternative zum Mittelmeer interessant sein dürfte – weniger als Alternative zu nordeuropäischen Gewässern. Der Winter im Süden Portugals und Spaniens kann sehr gut mit einem gemäßigten Sommer in der Nordsee verglichen werden und das alles auf einem durchschnittlichen Breitenparallel, das dem Norden Tunesiens und dem Süden Siziliens entspricht!

Der nördliche Teil des Reisegebietes steht deutlich unter dem Einfluß der Tiefdruckgebiete, die über den Atlantik gen Osten ziehen. Ihre Ausläufer, die insbesondere im Winter bis in das Seegebiet der Kanarischen Inseln reichen können, bringen auf ihrer Vorderseite südwestliche Luftströmungen mit sich und damit viel Wärme und Feuchte. Im Sommer, wenn die Tiefdruckgebiete deutlich weiter nördlich durchziehen, streifen ihre Ausläufer zumeist nur noch das Seegebiet von Südportugal und Südwestspanien. Zumeist sind die Fronten an den Wolkenformationen noch zu erkennen, jedoch haben sie kaum noch Einfluß auf das Wettergeschehen in Bodennähe. Lediglich, wenn ein Randtief in Richtung Strasse von Gibraltar, Richtung westliches Mittelmeer zieht, ist gewisse Vorsicht geboten, da auf seiner Vorderseite der Wind im Seegebiet von Algarve und der Costa de la Luz auflandig weht und bei starkem auflandigem Wind hier kaum noch Häfen sicher angelaufen werden können. Im Übrigen sind die Luftdruckgegensätze in diesem Seegebiet in der Regel schwach ausgeprägt – ganz besonders natürlich im Sommer –, und Wetteränderungen, dies war eingangs schon erwähnt, vollziehen sich recht langsam und daher gut vorhersehbar.

Wind
Von den vorherrschenden Winden ist in erster Linie der portugiesische Norder zu nennen, der zwischen Lissabon und Cabo São Vicente fast das ganze Jahr über vorherrscht. Die westportugiesische Küste steht stark unter dem Einfluß des Azorenhochs, an dessen Ostseite die Luft gen Süden strömt. Im Winter, wenn die Tiefdruckgebiete deutlich weiter südlich durchziehen und das Azorenhoch sich weit auf den Atlantik hinaus zurückgezogen hat, gerät auch die portugiesische Westküste manchmal in den Bereich von West- oder Südwestwinden – vorzugsweise auf der Vorderseite einer Warmfront. Aber zum Frühjahr hin und je weiter es sich in den Sommer hineinzieht, desto stärker pendelt sich die Windrichtung auf Nord ein. Das führt im Ergebnis dazu, daß ein Segelschiff im Sommer nur unter größter Mühe von Cabo São Vicente aus Nord machen kann. In der umgekehrten Richtung ist der portugie-

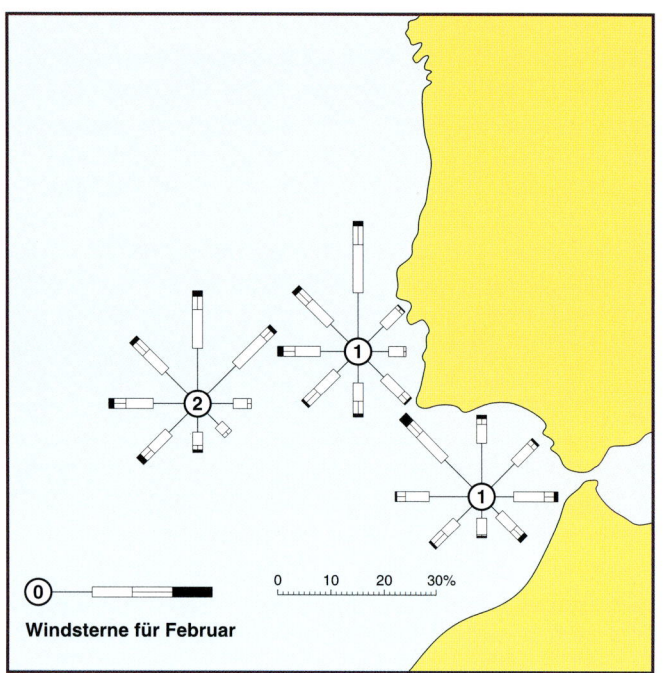

Windsterne für Februar

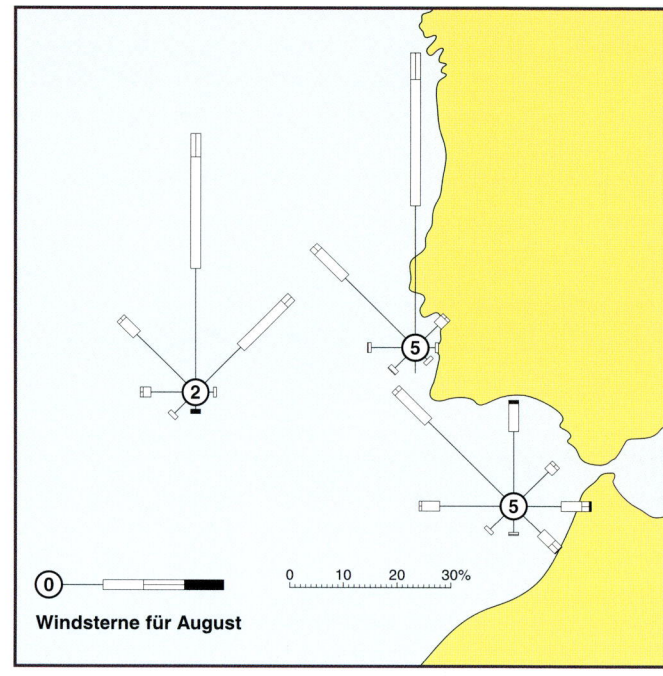

Windsterne für August

sische Norder natürlich ein guter und verläßlicher Partner, der für hervorragende Etmale sorgt. Zwischen Cabo Sao Vicente und Cadiz hat man es in der Regel noch mit den Auswirkungen der Nordwindströmung zu tun. Das bedeutet, daß der Wind hier zumeist ablandig weht. Gerade in diesem Küstenbereich machen sich insbesondere im Sommer aber auch Land- und Seewindsystem stark bemerkbar. So kann es durchaus geschehen, daß der Seewind tagsüber die generelle Windrichtung aufhebt oder gar umkehrt, was für den küstennah schippernden Segler auch vollständige Flaute bedeuten kann. Zumeist wird man aber im Sommer und auch in den Übergangszeiten schwachen bis mäßigen Nordwind im Bereich der Algarve antreffen. Südlich von Cadiz macht sich jedoch schon der Einfluß der Strasse von Gibraltar deutlich bemerkbar. Winde wehen hier das ganze Jahr über entweder in Ostwest- oder Westost-Richtung. Dabei läßt sich im langjährigen Mittel feststellen, daß im Sommer die Ostwinde überwiegen, während in der Übergangszeit und im Winter Westwinde ausgeprägter sind. Starkwind und Stürme sind in diesem Seegebiet im Sommer extrem selten, ganz auszuschließen sind sie jedoch nicht. Wenn sie

auftreten, dann gerne im Zusammenwirken mit einem kräftigen, sich von einer nordatlantischen Depression abspaltenden Randtief, das Richtung westliches Mittelmeer zieht. Die Wirkungen des Windes auf den Seegang sind hier im ostatlantischen Bereich nicht zu vernachlässigen. Dank der weniger heftigen Wetteränderungen, als man sie im Mittelmeer gewöhnt ist, hat man aber zumeist Zeit genug, frühzeitig zu reagieren und sich auf geänderte Verhältnisse einzustellen. Im Gegenteil hört man von vielen Skippern, daß die Seegangsverhältnisse in diesem Seegebiet bei weitem angenehmer sind als die manchmal doch recht kurze, ruppige und steile Windsee im Mittelmeerraum. Nicht zu vernachlässigen ist auch die Düsenwirkung der Strasse von Gibraltar – Winde werden hier in der Regel locker um 2 Beaufort verstärkt. Weht der Wind aus Osten, heißt er Levante, in Gegenrichtung wird er Poniente genannt. Im Seegebiet von Algarve wirkt sich ein kräftiger Levante übrigens dadurch aus, daß die Dünung nicht mehr wie gewohnt aus Nordwest um Cabo Sao Vicente herumlaufend spürbar ist, sondern plötzlich aus Südwest hereinsteht. Man darf dies nicht mit Dünung verwechseln, die auf der Vorderseite eines

Tiefdruckgebietes von Südwesten auf die Algarveküste und die Costa de la Luz zuläuft. Levante wirft in der Regel keine Dünung auf, die das Ansteuern der Häfen an der Algarveküste verhindern könnte – im Gegensatz zu starken Südwestwinden. Hier ist Aufmerksamkeit also dringend angeraten. Da enge Taleinschnitte im Seegebiet zwischen Lissabon und Gibraltar praktisch nicht vorkommen und die Küste auch nicht übermäßig gebirgig ist, hat man außer unmittelbar unterhalb von Cabo Sao Vicente eigentlich nicht mit Fallböen oder landseitigen Düseneffekten zu rechnen. So gesehen, gestaltet sich das Segeln in diesem Revier eigentlich relativ unkompliziert.

Gezeiten

Interessieren den Mittelmeerskipper Tidenhub und Gezeitenstrom in der Regel nicht, darf man ihn im Seegebiet zwischen Lissabon und Gibraltar auf gar keinen Fall vernachlässigen. Zunächst ein Wort zu den Tidenhüben. Gerade im Bereich der Algarveküste, in dem man es oft mit Ankerplätzen in Lagunen, Flußmündungen usw. zu tun hat, spielt die Höhe der Gezeit eine erhebliche Rolle. Zur Springzeit hat man z. B. in Lissabon mit 3,30 m Tidenhub, in Faro mit 2,80 m und in Cadiz mit 2,70 m zu rechnen. Die Nipptidenhübe liegen mit 1,60 m, 1,20 m und 1,30 m naturgemäß deutlich darunter. Sicher sind Gezeitentafeln spürbar präziser als die Grobangaben, aber hier geht es ja auch nur darum, deutlich zu machen, daß der Tidenhub im negativen Sinne geeignet ist, jede Yacht auf Schiet festkommen zu lassen – im positiven Sinne bedeutet das aber auch, daß man den Tidenhub, z. B. für Überholungen des Unterwasserschiffs, sich in den Lagunen von Algarve sehr wohl zunutze machen kann. Genau wie die Tidenhübe sind auch die Gezeitenströmungen auf keinen Fall zu vernachlässigen. In der Strasse von Gibraltar können sie problemlos 3 Knoten und mehr erreichen. Winde, die dem Gezeitenstrom in der Richtung entsprechen, können ihn natürlich ohne weiteres noch beschleunigen. Die Hauptstromrichtung auch der Gezeitenströme geht im Bereich zwischen Lissabon und Cabo São Vicente von Nord nach Süd. Da östlich von Cabo São Vicente ständig Wasser aus dem Atlantik das im Mittelmeer verdunstete Wasser ersetzt, tendiert der Strom ab Cabo Sao Vicente in der Regel auf die Strasse von Gibraltar zu. Dabei nimmt die Stromgeschwindigkeit vom äußersten Westen der Algarveküste mit vielleicht 0,5 Knoten bis zu 2 bis 3 Knoten in der Nähe der Strasse von Gibraltar zu. Gezeitenströme verstärken oder schwächen diesen allgemeinen Oberflächenstrom dazu. Je mehr es auf den Sommer zugeht, desto südlicher wird allerdings die Versetzungskomponente der Oberflächenströmung im Bereich zwischen Cabo Sao Vicente und der Strasse von Gibraltar. Hier zeigt sich eben in aller Deutlichkeit, daß die Hauptwindrichtungen die Strömungen verursachen und sonst nichts. Die Gezeitenströmungen muß man insbesondere in Flußmündungen oder Laguneneinfahrten ernst nehmen. In Extremfällen sind schon Geschwindigkeiten von 7 bis 8 Knoten zur Springzeit einlaufend wie auslaufend vorgekommen. Dabei kann starkes Oberwasser in Flüssen, insbesondere nach kräftigen Regenfällen im Landesinneren, diesen Effekt deutlich verstärken. Es sollen offiziell schon Geschwindigkeiten bis zu 16 Knoten gemessen worden sein – dies dürfte aber der extreme Ausnahmefall im Winter sein.

Nebel

Im Bereich von Algarve und der Costa de la Luz ist Nebel ein extrem seltenes Ereignis und kann praktisch vernachlässigt werden. Dies gilt aber nicht für den Bereich weiter nördlich bei Lissabon. Immerhin kann Lissabon auch im August im statistischen Mittel mit einem Nebeltag aufwarten, wohingegen zur gleichen Zeit in Gibraltar oder an der Costa de la Luz das statistische Mittel mit null anzugeben ist. Im Winter hat Lissabon aber sogar durchschnittlich sechs Nebeltage pro Monat. An den Küsten zwischen Cabo Sao Vicente und Lissabon kommen sowohl Strahlungsnebel als auch Kaltwassernebel vor. Aber wie schon gesagt, ist dies zumeist ein winterliches Phänomen, wenn auch nicht völlig zu vernachlässigen.

Seewetterberichte

Fährt man im Sommer in einem begrenzten Seegebiet, z. B. von Algarve oder der Costa de la Luz, von Hafen zu Hafen mit viel Zeit und Muße, kann man auf das regelmäßige Abhören des Wetterberichts eigentlich ganz gut verzichten. In der Übergangszeit und natürlich im Winter muß man das Wettergeschehen allerdings ernst

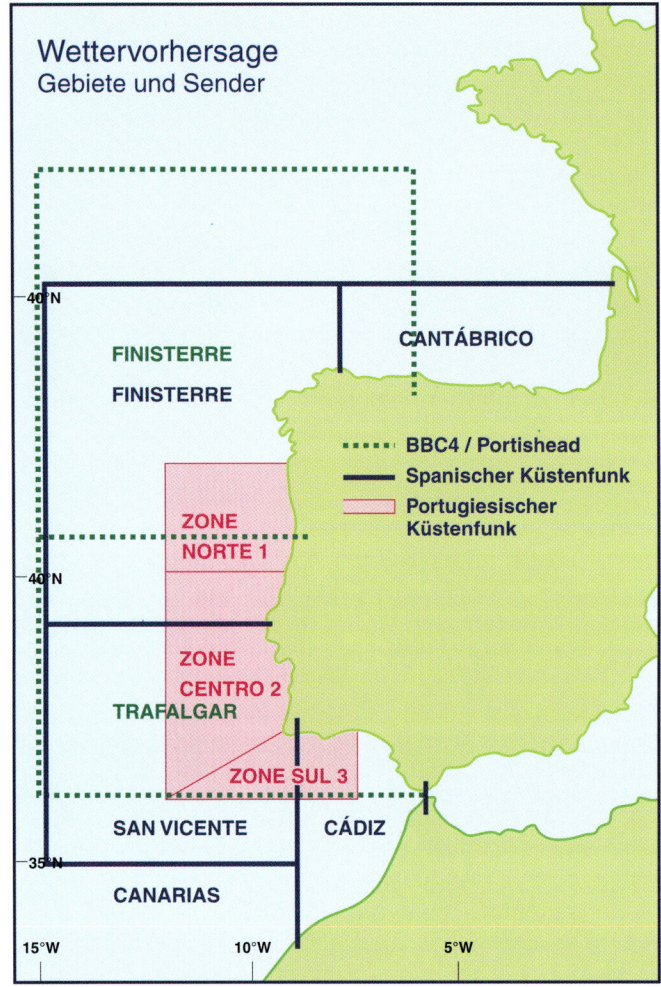

Wettervorhersage
Gebiete und Sender

FINISTERRE
FINISTERRE

CANTÁBRICO

- - - - BBC4 / Portishead
——— Spanischer Küstenfunk
▭ Portugiesischer Küstenfunk

ZONE NORTE 1

ZONE CENTRO 2
TRAFALGAR

ZONE SUL 3

SAN VICENTE   CÁDIZ

CANARIAS

Vorvortag aktuell aushängt oder erst nach Mittag – in der Regel also nach dem Auslaufen – erneuert wird.

Für deutschsprachige Skipper liegt es natürlich nahe, den Seewetterbericht Mittelmeer der Deutschen Welle abzuhören. Das ist im hier beschriebenen Bereich auch auf Kurzwelle möglich. Seit die Deutsche Welle auch das Gebiet der Kanarischen Inseln mit in den Seewetterbericht aufgenommen hat, kann man den Bericht auch für das hier beschriebene Gebiet durchaus empfehlen. Man muß aber aus dem Wettergeschehen von Gibraltar und den Kanaren auf die Wetterlage im Bereich Südportugals rückschließen. Die Deutsche Welle sendet auf den Frequenzen 6.075 und 9.545 kHz, Sendezeit (UTC) ist montags bis freitags im Rahmen des Reisejournals und sonnabends in der Sendung „Doppelpaß" und sonntags während der Sendung „Abendjournal" etwa gegen 16.55 Uhr, sonntags gegen 18.55 Uhr (während der Sommerzeit 1 Stunde früher).

Der spanische Rundfunksender Radio Nacional de España sendet Seewetterberichte in spanischer Sprache. Diese werden zumeist sehr schnell gesprochen und es bedarf schon einiger Übung, ihnen folgen zu können. Radio Nacional de España sendet auf den Frequenzen 585, 729, 738, 855 kHz, Sendezeiten 10, 13, 17, 21 Uhr gesetzliche Zeit (während der Sommerzeit eine Stunde früher).

Daneben gibt es vom französischen Rundfunksender France Inter einen französisch gesprochenen Wetterbericht für den Mittelmeerraum. France Inter sendet auf der Frequenz 162 kHz, Sendezeit 6.55 Uhr (Samstag und Sonntag), 10.05 Uhr (Montag bis Freitag) und 20.05 Uhr. Interessant ist auch der Wetterbericht für Atlantiktörns, den France Inter täglich um 11.40 Uhr UTC auf folgenden Frequenzen verbreitet: 6.175, 11.845, 15.300, 17.650, 21.635, 21.645 kHz. Der Bericht berücksichtigt praktisch den gesamten Nordostatlantik bis 48° Nord und 11° West.

Viele englische Skipper schwören nach wie vor auf den Wetterbericht von Radio BBC 4 (198 kHz), aus dessen Angaben sie selbst das entsprechende Wettergeschehen für das Reisegebiet ableiten.

nehmen, das Abhören des Wetterberichts ist dann absolute Pflicht. Leider ist es gerade in dem hier beschriebenen Seegebiet nicht ganz einfach, an verläßliche Wetterinformationen zu gelangen.

Die einfachste und sicherlich empfehlenswerte Möglichkeit ist es, in jedem Hafen und in jeder Marina am Büro des Hafenmeisters den dort immer aushängenden Wetterbericht, zumeist auch mit einer Isobarenkarte versehen, abzulesen. Diese Information ist – auch weil optisch durch die Isobarenkarte unterstützt – recht hilfreich. Aber man kann sich nicht darauf verlassen, daß die Berichte immer aktuell sind, es kann durchaus vorkommen, daß der Bericht vom Vortag oder gar vom

Lohnend ist für das hier beschriebene Seegebiet sicherlich die Wetterinformation aus dem Navtex-System. Die portugiesische Station Commandante Nunes Ribeiro und die spanische Station Tarifa decken das Gebiet lückenlos ab und versorgen die Sportschiffer mit verläßlichen Wetterinformationen in englischer Sprache. Da sich Sendezeiten und Frequenzen von Jahr zu Jahr ändern können, empfiehlt es sich, den jährlich erscheinenden "Yachtfunkdienst Mittelmeer" an Bord mitzuführen. Ihm lassen sich eine Fülle weiterer Details entnehmen, z. B. die Telefonnummern von Küsten- und Funkstationen, die man bei küstennaher Fahrt z. B. mit dem Handy anrufen und um Wetterinformationen bitten kann. Daß im Funkfernschreibeverfahren vom Deutschen Wetterdienst über die Sender Offenbach bzw. Pinneberg Wetterinformationen verbreitet werden und der Deutsche Wetterdienst-Seewetterdienst meteorologische Törnberatung telefonisch durchführt, sei nur der Vollständigkeit halber erwähnt.

Navigation

Natürlich unterscheidet sich die Navigation im hier beschriebenen Seegebiet nicht prinzipiell von derjenigen in Nord- oder Ostsee. Auf einige Besonderheiten soll aber eingegangen werden. Eine Betonnung findet sich selten und wo doch Tonnen ausgelegt sind, sind ihre Abstände meist recht groß. Die großen Flußmündungen sind beherrschend in diesem Revier, und die Einfahrten in diese Gewässer verändern ihre Beschaffenheit Jahr für Jahr, praktisch nach jedem stärkeren Regenfall. Daher sind die Flußeinfahrten betonnt, aber eben recht sparsam. Man tut auf jeden Fall gut daran, sich an die aktuelle Betonnung zu halten. Sie entspricht dem uns bekannten System aus heimatlichen Revieren, wenn man sie denn vorfindet. Wenn man sommertags in küstennaher Fahrt dahinbummelt, ist man leicht geneigt, auf exakte Navigation zu verzichten. Auch das Mitkoppeln in der Seekarte kommt dann meist zu kurz. Hiervor kann nur eindringlich gewarnt werden. Es gibt in diesem Seegebiet kaum Standorte, an denen man seine Position mit einem Rundumblick halbwegs präzise fixieren könnte. Dies mag allenfalls im Bereich von Cabo São Vicente oder bei Tarifa funktionieren. Die Küstenlinie ist viel zu wenig gegliedert, und es gibt zu wenig markante Landmarken, als daß es einem gelänge,

auch nur eine ungefähre Position ohne vorheriges Mitkoppeln in der Seekarte bestimmen zu können. Es ist erstaunlich, wie leicht man auch bei präziser Ortskenntnis, z. B. im Bereich der Lagunen von Faro, Olhão und Tavira, verhängnisvollen Irrtümern erliegen kann. Da auch markante Kaps oder sonstige natürliche Zeichen in diesem Seegebiet Mangelware sind, bleibt einem außer präzisem Mitkoppeln allenfalls noch ab und zu der Blick auf die GPS-Angaben.

Die Küsten sind bis in den Nahbereich zumeist rein, mit Ausnahme vielleicht des Gebietes zwischen Cadiz und Tarifa. Nachtfahrten stellen damit kein prinzipielles Problem dar. Man muß sich nur darauf gefaßt machen, daß kleine, ungedeckte Fischerboote in der Nacht bis zu einigen Meilen draußen fischen – manchmal haben sie Lichter gesetzt, manchmal eben auch nicht. Das gilt ebenso für Thunfischnetze, die durchaus einige Meilen weit hinaus ins Meer gelegt werden können. Sie liegen nicht immer tief genug unter der Wasseroberfläche, daß man sich nicht in ihnen verfangen kann und die unbefeuerten Schwimmkörper, die das Netz halten, sind in dunkler Nacht so gut wie nicht auszumachen. Die Ansteuerung von Flußmündungen bei Nacht ist für den Ortsunkundigen nicht zu empfehlen.

Einreisebestimmungen und nützliche Informationen

Paß- und Visabestimmungen

Für EU-Bürger reicht in Portugal wie in Spanien ein gültiger Personalausweis bzw. für Österreicher und Schweizer eine nationale Identitätskarte. Lediglich bei einer Aufenthaltsdauer von mehr als drei Monaten sind Reisepaß und Visum vom zuständigen Konsulat erforderlich.

Sprache

In dem ganzen hier beschriebenen Reisegebiet kommt man im täglichen Gebrauch mit Englisch und seltener Deutsch ohne weiteres zurecht. Kastilische Sprachkenntnisse werden von der spanischen Bevölkerung zwar dankbar zur Kenntnis genommen, sind aber nicht erforderlich. Gerade bei jüngeren Leuten stellt man zunehmend fest, daß sie sich lieber des Englischen als des Castellano im Umgang mit Touristen bedienen. In Portugal ist Englisch beinahe eine Art zweite Amtssprache.

Schiffspapiere

Für Spanien und Portugal ist der Internationale Bootsschein für Wassersportfahrzeuge ausreichend, der bescheinigt, daß Eigner und Schiff in einem nationalen Verband registriert sind und wo das Boot seinen ständigen Liegeplatz hat. Ausgestellt wird der Internationale Bootsschein vom deutschen Seglerverband, vom deutschen Motoryachtverband und vom ADAC, wobei keine Mitgliedschaft vorausgesetzt wird. In Frankreich wird der Internationale Bootsschein nur für Binnengewässer anerkannt, sofern das Boot nicht länger als 15 m ist. Da man auf die eine oder andere Art nach Spanien und Portugal über Frankreich gelangt, ist das Flaggenzertifikat aber praktisch ein Muß. Das Flaggenzertifikat ist ein amtlicher Ausweis für Seeschiffe bis 15 m Länge, mit dem die Berechtigung zum Führen der Bundesflagge nachgewiesen wird. Obwohl es dies strenggenommen nicht ist, wird es auch als Eigentumsnachweis offiziell akzeptiert. Beantragt wird das Flaggenzertifikat beim Bundesamt für Seeschiffahrt und Hydrographie (BSH) in Hamburg. Das BSH führt ein Flaggenregister, in das alle Schiffe eingetragen werden, für die ein solches Dokument ausgestellt wurde. Schiffe über 15 m Länge müssen nach wie vor ins Seeschiffsregister eingetragen werden. Als Nachweis über die Eintragung erhält man das Schiffszertifikat, in dem das Eigentum am Schiff und das Recht zur Führung der Flagge der Bundesrepublik Deutschland bescheinigt sind. Voraussetzung für die Eintragung ins Seeschiffsregister ist die amtliche Vermessung, die beim BSH beantragt und über die ein Schiffsmeßbrief ausgestellt wird. Die Registereintragung muß beim Amtsgericht dann gesondert beantragt werden.

Zollformalitäten

Die Einführung des Europäischen Binnenmarkts zum 1. Januar 1993 hat bei der Bootseinfuhr vieles vereinfacht. Kann man nachweisen, daß das Boot die Flagge eines EU-Staates zu führen berechtigt ist, bedarf es keiner weiteren Zollformalitäten – es kann in Spanien und Portugal so lange man möchte benutzt werden. Dies alles wäre ein wunderbares Verfahren, wenn es nicht das leidige Thema Mehrwertsteuer gäbe. Boote aus EU-Staaten sind von der Entrichtung der Mehrwertsteuer befreit, wenn sie vor dem 1. Januar 1985 gebaut worden und innerhalb der Gewässer der EU verblieben sind bzw. nach dem 1. Januar 1985 gebaut worden sind und Mehrwertsteuer für sie entrichtet wurde. Ist man in der Lage, diese Voraussetzungen darzulegen, also nachzuweisen, daß entweder für Boote, die nach dem 1. Januar 1985 gebaut wurden, Mehrwertsteuer bezahlt wurde (Originalrechnung der Werft), oder daß das betreffende Wasserfahrzeug älter als Baujahr 1985 ist, gibt es keine Probleme. Unangenehm ist nur, daß es bislang kein einheitliches Dokument gibt, das den mehrwertsteuerlichen Status des jeweiligen Bootes klarstellen würde. Für nicht in der EU registrierte Boote (z. B. Kanalinseln usw.) gelten nach wie vor die üblichen EU-Einfuhrregeln. Das heißt, das Boot kann sechs Monate pro Jahr mehrwertsteuerfrei in die Gewässer der EU verbracht werden. Bleibt ein solches Boot länger als die Sechsmonatsfrist pro Jahr in spanischen oder portugiesischen Gewässern, ist die Mehrwertsteuer fällig. Bestehen hier Unsicherheiten, kann man sich vorzugsweise an das Hauptzollamt in Heiligenhafen wenden, welches in der Bundesrepublik Deutschland die intensivste und längste Erfahrung mit Fragen der Mehrwertsteuerfreiheit gebrauchter und neuer Boote hat.

Führerscheinbestimmungen

Ausländische Skipper müssen in Spanien und Portugal dasjenige nautische Befähigungszeugnis besitzen, das in ihrem Heimatland zum Befahren vergleichbarer Gewässer vorgeschrieben ist. Das ist für deutsche Sportbootfahrer in der Regel mindestens der amtliche Sportbootführerschein See.

Sicherheitsbestimmungen

Obgleich in Spanien und Portugal keine einschlägigen gesetzlichen Sicherheitsbestimmungen für die Ausrüstung von Yachten bestehen, bedarf es keiner Erwähnung, daß dies kein Freibrief für verantwortungsloses Handeln sein kann. Welche Sicherheitsausrüstung als Minimum zu betrachten ist, darüber gehen die Meinungen auseinander. Ein guter Anhaltspunkt sind aber die Sicherheitsrichtlinien der Kreuzerabteilung des Deutschen Segler-Verbandes in Hamburg und die Ausrüstungsliste der Vereinigung deutscher Yachtcharterunternehmen (VdC) in Köln.

Seenotrettung

Die spanische Seenotrettung hat eine Notfalltelefonnummer eingerichtet, die aber nur benutzt werden darf, wenn akute Lebensgefahr für die Besatzung eines Bootes besteht. Die Nummer kann überall in Spanien angewählt werden, man wird dann automatisch mit der nächstliegenden Rettungsstation verbunden. Sie lautet: 900202202. Daneben gelten natürlich die üblichen Funkanrufverfahren auf UKW Kanal 16 bzw. über DSC.

Festmachen

In Spanien und Portugal wird, wie im gesamten Mittelmeerraum üblich, "römisch-katholisch" festgemacht, das heißt entweder mit Bug oder mit Heck zur Pier. Das Liegen im Päckchen ist verpönt. In Marinas ist das Ausbringen des eigenen Ankers nicht gestattet. Ausgelegte Muringleinen sind zu benutzen.

Funkgeräte

Fest installierte Seefunkstellen, die mit Genehmigung der Behörden des Heimatlandes des Schiffes betrieben werden, sind zulässig.

Versicherungspflicht

Es besteht keine Versicherungspflicht. Es wird jedoch dringend geraten, eine Haftpflichtversicherung für das Boot abzuschließen. Von Marinas wird bei längeren Liegezeiten ein entsprechender Haftpflichtversicherungsnachweis für das Boot sogar gefordert.

Zeit

Während in Spanien genau wie in Deutschland die Mitteleuropäische Zeit gilt, gehört Portugal zum Bereich der Westeuropäischen Zeitzone. Dort ist es also eine Stunde früher als in Spanien.

Dies ist ein besonders interessantes Phänomen, wenn man den Rio Guadiana, der vielleicht 500 m breit ist, überquert und von Ayamonte nach Villa Real de San Antonio eine Stunde Zeit „gutgemacht".

Geld und Geldwechsel

Kreditkarten, Euroschecks und Reiseschecks werden bei jeder Bank und Wechselstube akzeptiert. Inhaber von Postsparbüchern können in Spanien und Portugal bei den Postsparkassen monatlich Geld im Gegenwert von bis zu 2.000 DM abheben. Die Banken haben üblicherweise Montag bis Freitag von 9 bis 14 Uhr und Samstag von 9 bis 12 Uhr geöffnet. In den Sommermonaten sind sie samstags geschlossen. Mit Euroscheckkarte oder Kreditkarte und Geheimnummer kann man am Automaten Geld abheben. Beim Geldwechsel und auch beim Einlösen von Schecks ist meist der Personalausweis oder Reisepaß vorzulegen.

Taxi

Innerhalb von Städten errechnet sich der Fahrpreis wie in Deutschland nach Taxameter. Für Überlandfahrten gibt es sowohl in Portugal als auch in Spanien festgesetzte Preise, die an einer Tafel an jedem Taxistand bekanntgemacht werden (sollen). Die Taxikosten entsprechen in etwa denjenigen in Deutschland.

Hafengebühren

Die Liegegebühren sind ein heikles Thema. Pauschal vorweggesagt – sie sind im hier beschriebenen Seegebiet deutlich günstiger als im Mittelmeerraum, aber nicht so günstig wie vielleicht aus dem heimatlichen Revier bekannt. In privaten Marinas werden grundsätzlich Gebühren verlangt, die allerdings nicht stark von Hafen zu Hafen variieren. Das liegt im spanischen Teil des hier beschriebenen Seegebietes daran, daß sich die Junta de Andalucia als Investor für viele Marinaprojekte betätigt und eine einheitliche Preisgestaltung für alle ihre Marinas vornimmt. So kostet ein 10-m-Boot in einer der spanischen Marinas in der Hochsaison pro Tag 1.649 Ptas. und in der Nebensaison 825 Ptas. Der Jahresliegeplatz schlägt mit rund 270.000 Ptas. zu Buche. Hinzu kommen die Kosten für Strom und Wasser und die gesetzliche Mehrwertsteuer (16 %). Die portugiesischen Marinas haben eine individuelle Preisgestaltung, die aber vergleichbar mit den spanischen Preisen ist. So soll in der Marina von Portimao ein 12-m-Schiff pro Tag etwa 5.600 Escudos (56 DM) kosten, und das gleiche Boot zahlt in der Hochsaison in Lissabon umgerechnet gut 40 DM. An dieser Stelle sei auch noch ein Wort zum amtlichen Transitformular erlaubt, das in Portugal und Spanien ausnahmslos in jedem Hafen verlangt wird. Ein Formular, in dem die Schiffsdaten im Detail und die Daten der an Bord befindlichen Personen erfaßt werden. Während man die Schiffsdaten in der Regel gut im Kopf parat hat, kann ich mir kaum vorstellen, daß jemand seine Personalausweisnummer, und die wird jedesmal verlangt, im Kopf hat. Es handelt sich um eine entsetzlich bürokratische, aber leider unumgängliche Formalität.

Infos

Allgemeine Informationen erhält man über die spanischen Fremdenverkehrsämter, die zum Beispiel eine kostenlose Liste sämtlicher spanischer Yachthäfen anbieten. Die Anschriften:

10707 Berlin, Kurfürstendamm 180,
Tel. 030 / 8826543, Fax 8826661

40237 Düsseldorf, Grafenberger Allee 100,
Tel. 0211 / 6803980, Fax 6803985

60323 Frankfurt/Main, Myliusstrasse 14,
Tel. 069 / 725033, Fax 725313

80336 München, Schubertstrasse 10,
Tel. 089 / 530158, Fax 5328680

1010 Wien, Walfischgasse 8,
Tel. 02 / 225129580, Fax 225129581

80078 Zürich, Seefeldstrasse 19,
Tel. 01 / 2527931

Portugiesische Fremdenverkehrsämter:

Portugiesisches Touristikamt, Schäfergasse 17,
60313 Frankfurt/Main, Tel. 069 / 234094

Portugiesisches Touristikzentrum, Stubbenring 16/3,
1010 Wien, Tel. 02 / 225132670

Portugiesisches Verkehrsbüro, Badener Strasse 15,
8004 Zürich, Tel. 01 / 2410001

Entfernungstabelle

Distanzen von Hafen zu Hafen (Auswahl), direkter Weg (Angaben in sm):

Hafen	Seemeilen
Lissabon	
Sines	**58**
Cabo São Vicente	**46**
Lagos	**19**
Villamoura	**24**
Cadiz	**92**
Gibraltar	**65**
Gesamt:	**224**

II. Lissabon bis Cabo São Vicente

PENICHE

CASCAIS LISSABON
ALMADA
SETUBAL

P O R T U G A L

S P A N I E N

SINES

ODEMIRA

LAGOS
CABO SÃO VICENTE
Ponta de Sagres SAGRES PORTIMAO
FARO AYAMONTE
HUELVA

Lissabon (38° 40'N 009° 18'W)

Kommt man das erste Mal nach Lissabon, gilt es, zwei
Umstände besonders zu beachten. Zum einen kann es
vorkommen, daß sich dicht unter der Küste starker Nebel bildet, dann sind der Ankerplatz bzw. die Marina
von Cascais die bessere Alternative; zum anderen muß
man daran denken, daß die Strömung des Rio Tejo insbesondere nach Regenfällen im Landesinnern sehr
stark werden kann. In solchen Fällen muß man bei auflaufendem Wasser und starkem Oberstrom mit Gezei-
tenbrandung rechnen, so daß sich ein Einlaufen zu den
Stillwasserzeiten unter allen Umständen empfiehlt. Im
Sommer, nach langen Trockenperioden, spielt dieser
Umstand in der Regel jedoch keine Rolle. Die 10-m-Li-

Marina Expo **5**

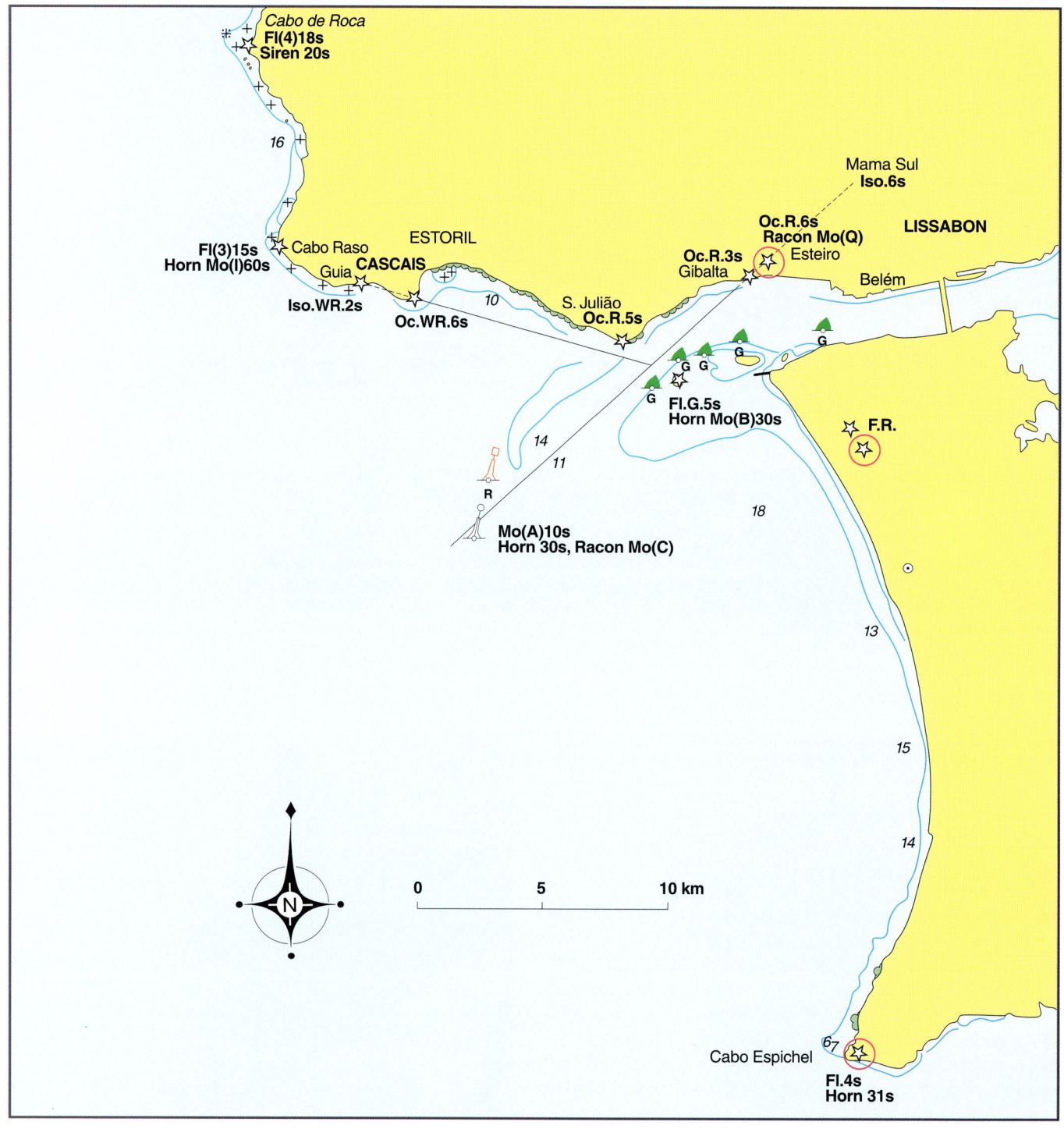

nie schwingt weit über 5 Meilen ins Meer hinaus, aber sorgfältig lotend, wird die Einsteuerung möglichst mittig in den Tejo kein Problem darstellen. Im Übrigen ist die Einfahrt betonnt, und man tut gut daran, sich an der Betonnung zu orientieren – der lebendige Tejo verändert die Lage von Barren mehr oder weniger ständig. Hat man das Flach von Bugio, das die Tejo-Mündung südlich flankiert, passiert, ist die Einsteuerung geschafft, und man kann östlich auf die dann gut sichtbare Hochbrücke zuhalten.

Liegeplätze

Lissabon verfügt über insgesamt 5 Marinas und man sollte meinen, daß die Liegeplatzkapazität auch für durchreisende Boote ausreicht. Das ist nominell auch der Fall, jedoch mit Einschränkungen. Die Marinas unmittelbar in der Stadt, also westlich der Ponte 25. Abril (Brücke des 25. April), die einlaufend backbord in der Nähe des berühmten Torre de Belem und des Entdeckerdenkmals liegen, haben zwar den Charme der Altstadtnähe für sich – jedoch in der Regel keinen Platz frei. Das gilt mit Einschränkungen auch für die Marina unmittelbar östlich der Hochbrücke im Doca de Alcantara. Das führt im Ergebnis leider dazu, daß nur die Marina Expo, 3 Meilen flußaufwärts der Hochbrücke auf der Backbordseite gelegen, der durchreisenden Yacht Platz bietet. Der ist allerdings in dieser brandneuen Marina, die anläßlich der letzten Weltausstellung 1998 errichtet

Doca de Belem **2**

3 Santo Amaro

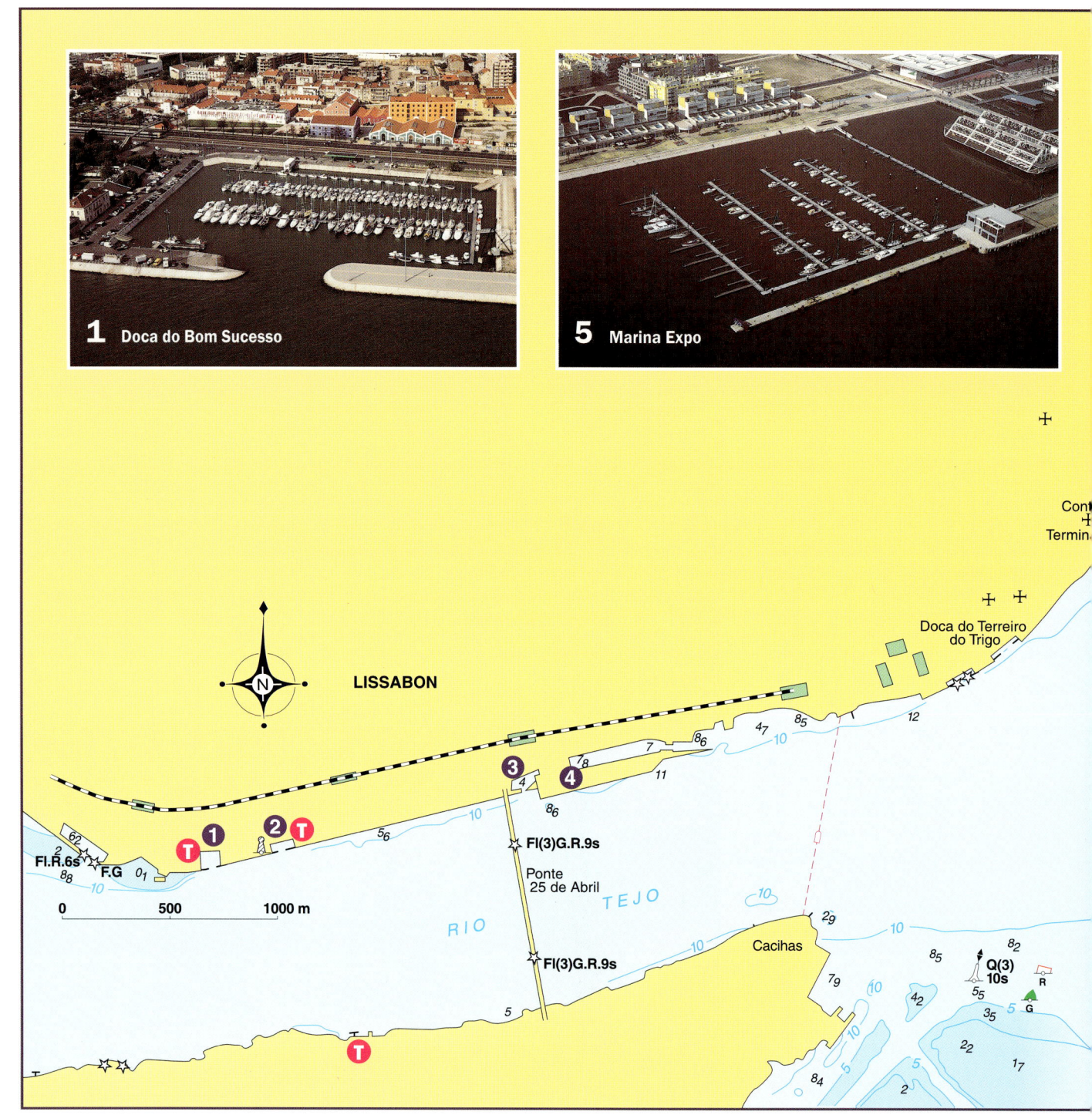

1 Doca do Bom Sucesso

5 Marina Expo

LISSABON

Doca do Terreiro do Trigo

Con
Termin

Fl.R.6s   F.G

Fl(3)G.R.9s

Ponte 25 de Abril

Fl(3)G.R.9s

RIO   TEJO

Cacihas

Q(3) 10s

0   500   1000 m

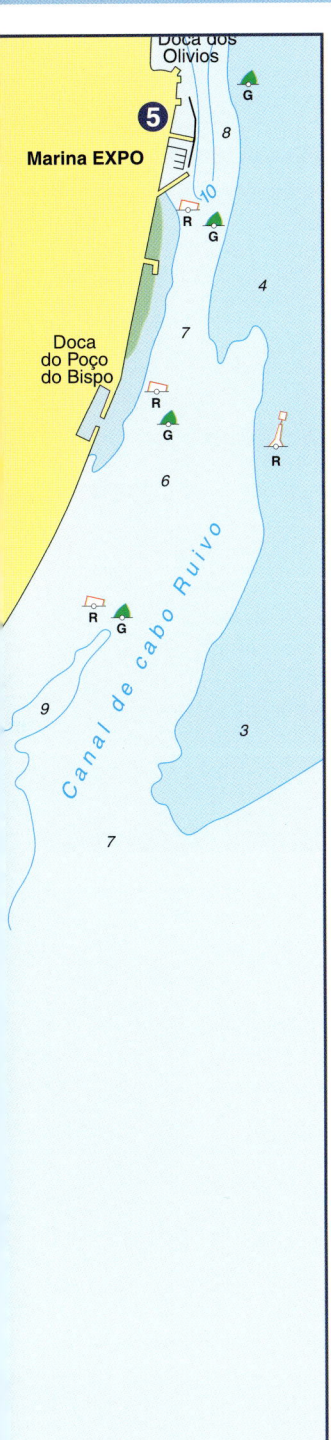

Doca dos Olivios

5

Marina EXPO

8

10

R

G

4

Doca
do Poço
do Bispo

7

R

G

R

6

Canal de cabo Ruivo

R

G

9

3

7

Doca do Bom Sucesso

Torre de Belem

Marina Expo **5**

Doca de Alcântara **4**

Hieronymus-Kloster

wurde, im Überfluß vorhanden. Das Projekt ist noch im Ausbau begriffen – wenn es fertiggestellt ist, soll es auch über Einkaufsmöglichkeiten verfügen, die im Moment noch recht weit entfernt im Zentrum Lissabons gelegen sind. Die Versorgungsmöglichkeiten muß man für ein durchreisendes Boot daher als eher schlecht bezeichnen – ein Widersinn, wenn man bedenkt, daß die Marina in einer der größten Großstädte Europas gelegen ist. Aber die Versorgungswege sind weit, und man wird gar nicht umhinkommen, umfangreiche Einkäufe mit dem Taxi oder Mietwagen zu erledigen.

Touristik

Es ist nicht leicht, sich der Stadt zu nähern, hat sie doch nicht ein eigentliches Zentrum, sondern deren mehrere, die im Rund von vielleicht 5 km flußaufwärts der Brücke vom 25. April gelegen sind. Niemand wird sich wohl des etwas maroden Charmes dieser alten Metropole entziehen können. Schon Römer und später Mauren besiedelten die Hügel am Tejo. Von ihren Bauwerken sind aber praktisch keine Überreste vorhanden. Das grauenvolle Erdbeben von 1755 zerstörte etwa die

Torre Belem

Die Baixa

jenigen handelt, der nach der Erdbebenkatastrophe von 1755 gezielt und im Ganzen geplant neu errichtet wurde – also nichts von gewachsener Struktur. Über den Trümmern des alten, in der Katastrophe versunkenen Lissabon ließ König Jose I. durch seinen Minister Marques de Pombal die Unterstadt völlig neu bauen. Breite, gerade Strassen – wie Feuerschneisen – und stabil gebaute Häuser sollten das Leben gesicherter und gesünder in der Stadt gestalten. Interessant ist, daß König Jose I. darauf bestand, daß die Baixa nur Handel und Gewerbe dienen sollte und der erste und zweite Stand, also Adel und Kirche, aus dem Zentrum verbannt wurden. Deswegen werden viele Strassen der Baixa noch heute nach den dort damals angesiedelten Gewerbezweigen benannt. Um sich einen Eindruck von dem katastrophalen Erdbeben zu machen, muß man sich vorstellen, daß es das größte Erdbeben war, das je eine europäische Stadt traf. Zerstört wurden in kürzester Zeit 300 Paläste, 110 Kirchen und nicht zuletzt der Königspalast selbst. Rund 20.000 Menschen sollen damals umgekommen sein. Man kann sich vorstellen, daß eine derartige Katastrophe nicht nur die Stadt, sondern in der Folge das gesamte portugiesische Imperium schwer erschütterte. Heute ist die Baixa das moderne Zentrum der Stadt – so wie man es von jeder beliebigen europäischen Metropole erwartet. Westlich daneben der Stadtteil Chiado machte vor gut 10 Jahren durch eine weitere Katastrophe auf sich aufmerksam. Damals wurde von den Medien der Eindruck vermittelt, als sei die ganze Altstadt bei einem furchtbaren Brand in Schutt und Asche gelegt worden. Eine klare Übertreibung. Lediglich ein Strassenzug fiel diesem Brand zum Opfer, allerdings ein Strassenzug, der wie kein anderer das Lissabon der Fin-de-Siecle-Zeit des ausgehenden 19. Jahrhunderts repräsentierte. Chiado ist der Ortsteil der Intelektuellen und Poeten. Es ist unverkennbar, daß das damals von aller Welt bewunderte Paris bei der Gestaltung des Ortsteils Pate stand. Es ist auch jetzt das Viertel, in dem man am besten von Caféhaus zu Caféhaus schlendert. Natürlich wäre ein Lissabon-Bummel unvollständig, würde man die östlich der Baixa gelegene Altstadt – Alfama – auslassen. Mit ihren verwinkelten Gassen ohne Konzept, ohne Struktur, aber mit viel Charme, repräsentiert sie noch am ehesten jenes alte originale Lissabon, das der

Hälfte der damaligen Stadt und wirkte gerade im Zentrum verheerend. Lediglich das Hieronymus-Kloster im noblen Stadtteil Belem überstand die Katastrophe unbeschädigt. Zu jener Zeit war das portugiesische Welt-Kolonialreich zwar schon im Fernen Osten bedroht, stand aber noch in seiner Blüte. Man muß sich vorstellen, daß Lissabon damals eine der glänzendsten Metropolen der abendländischen Kultur war. Heute beherrschen zumeist Gebäudefassaden des ausgehenden 19. und beginnenden 20. Jahrhunderts das Bild – natürlich neben einem modernen Lissabon. Am besten nähert man sich der Stadt vom Praca do Comercio, dem zentralen Platz am Rio Tejo. Er liegt direkt an der Anlegestelle, von der aus in früheren Zeiten der Reisende in Lissabon ankam. Heute legen in seiner Nähe die Flußfähren an, die die Pendler von den umliegenden Ortschaften jeden Morgen in die Stadt bringen und zum Feierabend wieder aus ihr heraus. Wendet man sich von der Praca do Comercio nach Norden, trifft man zunächst auf den Ortsteil Baixa. Schachbrettförmig angelegte Strassen, jedes Karree geplant, zeigt dem Betrachter schon, daß es sich bei diesem Ortsteil um den-

Azulejos – Farbmosaike für die Fassade

Jedem fallen sie irgendwann und irgendwo ins Auge, farbenfrohe Fliesen, die entweder ganze Häuserfassaden bedecken oder auch nur Teile davon. Zuweilen sieht man sie auch nur aus vielleicht vier oder sechs Einzelfliesen ein kleineres Bild über dem Türeingang eines Hauses bilden – Azulejos. Es sind jene ansprechenden Hauselemente, die man häufig in Portugal und seltener, aber eben doch auch, in Spanien zu sehen bekommt. Ihr Ursprung liegt ein wenig im dunklen. Sie sollen ursprünglich von den Mauren auf die iberische Halbinsel gebracht worden sein, wobei die Mauren ihrerseits die farbenfrohen Fliesen in Persien kennengelernt haben sollen. Möglich wäre es jedenfalls. Ihren Boom erlebten die Azulejos während der Zeit des Barocks in Portugal, wo immens große Wandbilder entstanden. Heute findet man große Teile dieser Monumentalbilder in Fliesenform ganz oder in einzelnen Teilen häufig in Antiquitätengeschäften deutscher Großstädte; eine der Formen wie man jahrhundertealte Kunstwerke in flüssige Mittel umwandeln kann, um teure Herrenhäuser daheim in Portugal noch finanzierbar zu machen. Zumeist werden in diesen Bildern profane Szenen aus dem Alltagsleben der Menschen dargestellt. Ganz einfache Bilder aus meist sechs Einzelfliesen bestehend, stellen gerne Heiligenbilder dar, so dass sich jeder seinen eigenen Schutzpatron über die Eingangstür setzen kann. Schwierig war es ursprünglich, mehrfarbige Darstellungen auf einer Fliese unterzubringen, ohne dass die Farben ineinander verlaufen. Im großen Stil gelang es erst mit der Erfindung der Majolikatechnik im Italien des 15. Jahrhunderts. Das erklärt auch den dann einsetzenden Aufschwung der Fliesenbilder im Portugal des 16. Jahrhunderts. Heute besinnt man sich wieder auf die traditionsreiche Kunst am Bau, und immer häufiger werden auch Fassaden öffentlicher Gebäude mit prachtvollen Fliesenbildern verziert.

Tourist – auch ein moderner Zeitreisender – gerne sucht. Überragt vom Castelo de Sao Jorge schmiegt sie sich als wirres Labyrinth an den 120 m hohen Südhang des Burghügels und zieht sich bis zum Tejo hinunter. An vielen Stellen hat man hübsche Ausblicke auf den Fluß und die Umgebung, leider ist die Altstadt, dies muß an dieser Stelle hinzugefügt werden, in den letzten Jahren zu trauriger Berühmtheit wegen steigender Kriminalität gelangt. Es ist also dringend geboten, hier ein besonders wachsames Auge auf seine Habseligkeiten zu richten. Das soll aber nicht heißen, daß man sich hierher nicht getrauen könnte. Wer am 12. und 13. Juni durch Zufall in Lissabon weilt, kann die Festa de Santo Antonio in der Alfama erleben – eine Art Strassenfest, von dem die ganze Altstadt erfüllt ist. Für den Seefahrer besonders interessant erscheint noch der Stadtteil Belem, unten am Tejo gelegen. Mit dem Museu da Marinh direkt östlich neben dem unübersehbaren Hironymus-Kloster, hat er für uns Seefahrer einiges zu bieten. Auch wenn man hier in den Yachthäfen keinen Platz bekommen hat, sondern in die Marina Expo ausweichen mußte, lohnt auf jeden Fall ein Besuch. Man kann von dem

Largo
do Rato

RATO

Jardim

Botânico

Campo
dos
Mártires
da
Pátria

Pr. do
Principe
Real

R. Dom Pedro V

Jardim do
Tourel

São
José

Avenida de Liberdade

R.S P. Alcântara

R. do Século

Praça
dos
Restauradores

Estacio
do Rossio

São
Roque

BAIRRO
ALTO

Teatro
Nacional

Calçada do Combro

Rua da Misericordia

Rossio

(Pr. Dom
Pedro IV)

Pr. da
Figueira

Rua da Palma

L.
Martim
Moniz

GRAÇA

MOURARIA

Rua da Palma

N.S.
da Graça

Rua da Bosa Vista

Rua da Alecrim

L. do
Carmo

BAIXA

Castel
de São Jorge

São Vicente
de Fora

Rua de Dom Luis

CHIADO

Ouro

Augusta

Prata

da

Fanqueiros

dos

Madalena

Pr.
Dom Luis I

Av. 24 de Julho

Estacio
Cais do Sodré

Pr Duque de
Terceira

Rua da São Julião

Rua do Comércio

Rua do Arsenal

Municipio

Rua

da Alfândega

ALFAMA

Praça do
Comércio

Av. da Ribeira das Naus

Avenida

Infante

Dom

Henrique

0   200 m

Tejo

Hieronymus-Kloster

Lissabon – Stadtplan

Expo-Gelände aus vom neugestalteten Bahnhof Oriente mit der Metro bis Cais do Sodre fahren und von dort aus mit der Strassenbahnlinie 15 (fährt von Rusio nördlich der Baixa über Praca do Comercio weiter nach Belem). Das Hironymus-Kloster, nahe am Tejo gelegen, wurde dort errichtet, wo die Kapelle stand, von der Vasco daGama aus zu seiner Indienexpedition aufbrach. Nach geglückter Umrundung des Kaps der guten Hoffnung und der Entdeckung des Seewegs nach Indien legte König Manuel I. 1502 den Grundstein zu dem noch heute erhaltenen Kloster. Es ist ein Meisterwerk der manuelinischen Kunst, reich ornamentiert mit einer Fülle von Statuen, immer wieder verdrillte Taue präsentierend – ein Symbol für den auf der Schiffahrt ruhenden Weltgeltungsanspruch des damaligen Portugal. Schön wird der manuelinische Stil auch am Torre de Belem, jenem Bollwerk, das die Hafeneinfahrt nach Lissabon bewachte, aufgegriffen. Dieses Wahrzeichen aus dem Jahre 1520 verdient besondere Beachtung, da der Besucher in jedem Detail der Fassade Anspielungen auf die Seefahrt entdecken kann. Daneben bietet die hübsche Grünanlage mit imposanten, hochaufgeschossenen Palmen auch die Möglichkeit, sich im Schatten von den Strapazen der Besichtigung auszuruhen. Gekühlte Getränke, Eis und Snacks bieten fliegende Händler gerade hier in großer Fülle an. Einen knappen Kilometer Tejo-aufwärts findet sich noch ein berühmtes Denkmal aus neuerer Zeit. Es ist das sogenannte Entdeckerdenkmal. Unmittelbar am Tejo-Ufer ragt weiß glänzend und monumental ein stilisierter Schiffsbug steil nach Süden. An seiner Vorderseite sind die berühmtesten Entdeckergestalten der portugiesischen Geschichte, allen voran natürlich Heinrich der Seefahrer, in monumentaler Größe dargestellt.

Cascais (38° 42'N 009° 25'W)

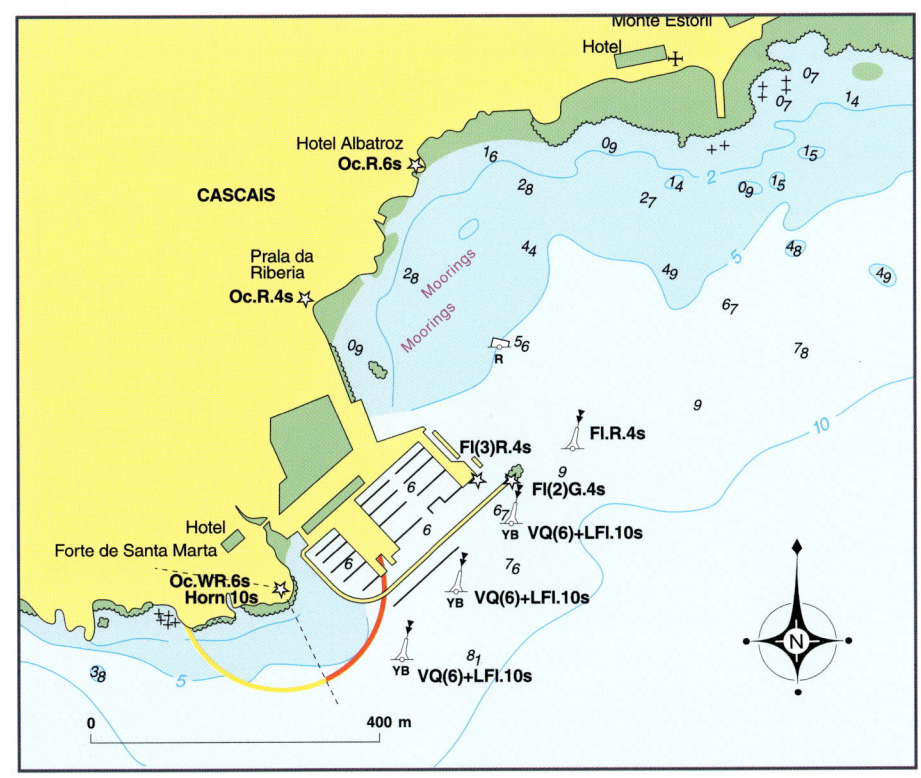

Ansteuerung

Von Norden kommend, befindet sich der Ort unmittelbar nach der Rundung Cabo Rasos hinter einer vorspringenden Huck, eine schöne, nach Westen geschützte Bucht bildend. Cascais ist durchaus als Vorort von Lissabon zu bezeichnen – ein besonders hübscher zumal. Nur 5 Seemeilen nordwestlich der Ansteuerung des Rio Tejo gelegen, war Cascais immer schon ein beliebter Ankerplatz, da in den Sommermonaten Südwind eine Seltenheit ist und gegen jede andere Richtung die Bucht vor dem Ort Schutz bietet.

Liegeplätze

Wie ehedem ausschließlich möglich, kann man auch heute noch vor dem kleinen Strand des Ortes auf einer Tiefe von 3 bis 5 m gut haltendem Sandgrund ordentlich

Marina Cascais

Cascais von Westen

ankern. Der Schwimmerbereich ist in den Sommermonaten durch Bojen abgegrenzt. Ausliegende Muringbojen sollte man besser ignorieren, sie sind privat. Seit jüngstem gibt es eine Liegeplatzalternative zum Ankern. Der örtliche Yachtclub hat eine Marina neu unmittelbar im Schutze der Punta do Salmodo zum Teil ins Land hineingebaggert. Von den so entstandenen rund 600 Liegeplätzen sollen 100 für durchreisende Yachten vorgehalten werden. Die Größe der Yacht spielt dabei nur eine untergeordnete Rolle, bis zu 35 m darf sie lang sein. Die bevorzugte Lage dieser Marina wird sie vermutlich zu einem der wichtigsten Yachthäfen Portugals aufsteigen lassen. Die malerische Umgebung – direkt unterhalb einer trutzigen Zitadelle mit Park und Adelspalast in gepflegten Gärten – empfiehlt sich auch als Ausgangspunkt für einen erholsamen Stadtbummel.

Versorgung

Die neue Marina bietet jeden erdenklichen Komfort. Wenn das Projekt fertiggestellt ist, soll auch ein Lebensmittelgeschäft angesiedelt werden – bis dahin muß man den 1,5 km langen Weg ins Stadtzentrum auf sich nehmen.

Touristik

Besondere Sehenswürdigkeiten hat der Ort nicht zu bieten, er besticht aber zusammen mit Escoril durch gepflegtes Ambiente, schöne Gärten, zumeist voller blütenreicher Gewächse. Daneben merkt man dem Ort das un-

Ankerplatz vor Cascais

Herrenhaus westlich der Marina

verkennbare Flair des Badeortes der oberen Zehntausend von Lissabon an. Die Verkehrsverbindung nach Lissabon ist daher auch ausgezeichnet. Eine Schnellbahnlinie verbindet den kleinen Ort mit der Zweimillionenmetropole am Tejo. Eigentlich war Cascais, an der Costa do Estoril westlich von Lissabon gelegen, nichts als ein kleines, verträumtes Fischerdörfchen. Und das wäre es wohl auch bis zum heutigen Tage geblieben, wäre es nicht durch eine glückliche Fügung des Schicksals zu einem Treffpunkt der Schönen und der Reichen geworden. Jene Fügung des Schicksals wollte es, daß im Jahre 1870 die Königsfamilie das kleine Fischerdorf als Winterdomizil für sich aussuchte. Danach konnte nichts mehr den steilen Aufstieg des Örtchens vom Fischerdorf zum Schicki-Micki-Treff aufhalten. Heute sind Cascais und Estoril miteinander verwachsen und als luxuriöse Vororte Lissabons anzusehen. Vom Lissaboner Bahnhof Cais do Sodre fährt eine Bahn gut eine halbe Stunde nach Cascais. Sie läuft entlang dem Tejo-Ufer, und es ist empfehlenswert, sie einmal zu benutzen. Estoril, als besonders nobel bekannt, lockt

neben dem Spielcasino mit Golfplätzen. Einem breiten Publikum dürfte der Ort durch das jährliche Formel-1-Ereignis des Großen Preises von Portugal auf der Rennstrecke von Estoril durchaus bekannt sein. Cascais hat daneben noch ein wenig seines Fischerdorfcharakters bewahren können, jedenfalls deutet die von kleinen, offenen Fischerbooten dicht an dicht belegte Ankerbucht noch immer von der Vergangenheit des Ortes. Auch die Fischauktion an der Fischhalle lohnt den Besuch. Ansonsten kann man dem Ort, von Café zu Café schlendernd, seine Referenz erweisen und sich vor allem an den zumeist blütenreichen, gepflegten Gärten erfreuen.

Sesimbra (38° 26'N 009° 07'W)

Ansteuerung
Rund 15 Meilen südlich der Einsteuerung zum Rio Tejo liegt am Ende einer gleichförmigen, steil abfallenden Kliffküste Cabo Espichel. 6 Meilen östlich des Kaps

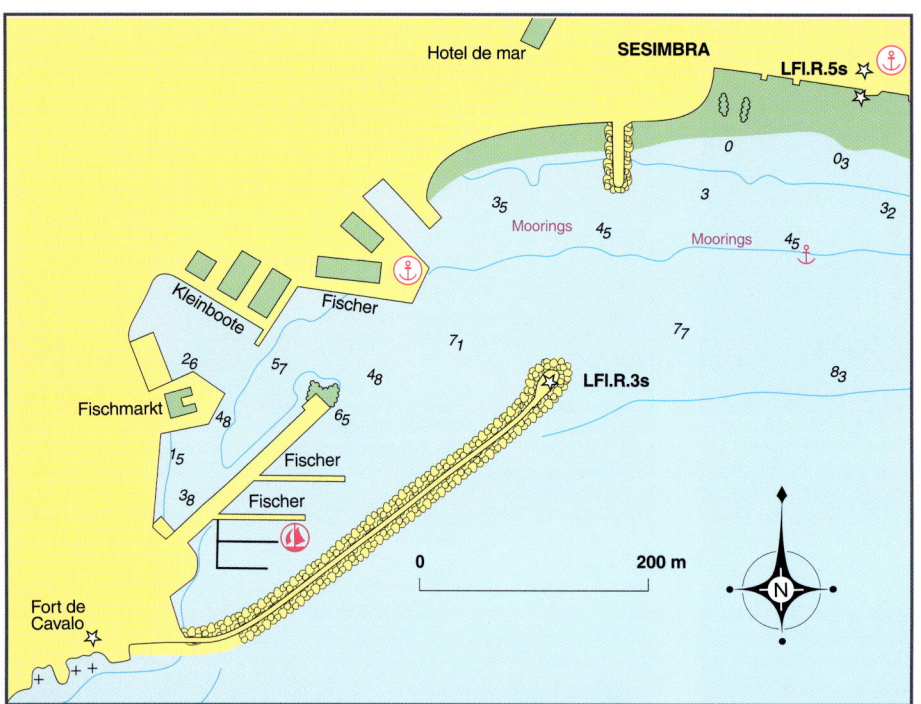

liegt der kleine Yachthafen von Sesimbra. Im Schutze einer langen Außenmole befindet sich der Kommerzhafen. Dicht südlich befinden sich, wenn man zwei Betonmolen für Fischerboote passiert hat, zwei Yachtstege des örtlichen Club Nautico.

Liegeplätze

Die Liegeplätze sind landschaftlich nicht besonders reizvoll gelegen, und es gibt eigentlich nur einen Grund, hier zu verweilen. Sesimbras Yachthafen ist gegen Nord ausgezeichnet geschützt, und dank des weit vorspringenden Cabo Espichel kann Sesimbra als Ausweichhafen für Yachten dienen, die im Sommer gegen den starken portugiesischen Norder versuchen, küstennah Nord

Fischerboote in Sesimbra

Im Hafen von Sesimbra

zu machen. Hat man sich verkalkuliert – was eigentlich nicht vorkommen sollte – und das rund 35 Seemeilen südlich gelegene Sines passiert, erreicht aber, auch z. B. infolge eines Wetterumschwunges oder der zu erwartenden fragwürdigen Tidenbedingungen, Lissabon nicht mehr, ist Sesimbra ein wertvoller Schutzhafen.

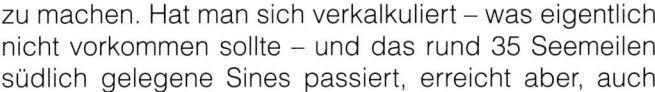

Küste westlich von Sesimbra

Bei Sesimbra

Die Untiefe vor Setubal

Azéda
Iso.R.6s
SETUBAL

Outão
Oc.R.3s

Oc.R.6s

Portinho de
Arrábida

Forte de
Cavelo

Oc.5s

Troia

21

1 1

Fl.G.3s

G

0 9   3 3

39

11

17

12

Pinheiro da Cruz
Fl.3s

12

Lagoa de
Santo André

N

Sines
Fl(2)15s

SINES

0   5   10 km

Setubal (38° 26'N 008° 58'W)

Die gleichen Erwägungen gelten – wenn auch mit Einschränkungen – für den Hafen von Setubal. Er liegt bestens geschützt an der Mündung des Rio Sado.

Ansteuerung

Die Ansteuerung bereitet keine Probleme, da der Rio Sado (im Gegensatz zum Tejo) in der Regel nur wenig Strömung hat. Das Fahrwasser ist für die Großschiffahrt tief gebaggert und gut betonnt. Lediglich bei starken auflandigen Winden bei gleichzeitig stark laufendem Ebbstrom (bei Springtide rund 3 Knoten) muß man mit brechender See rechnen. Dann ist Sesimbra auf jeden Fall die bessere Ausweichmöglichkeit. Bei der Einsteuerung muß man darauf achten, nicht zu weit auf die Südseite des Rio Sado zu geraten, die Weite der Wasserfläche suggeriert hier auch eine Wassertiefe, die tatsächlich nicht gegeben ist. Von dem auffälligen Hotelkomplex mit kubischen Hochbauten auf der Südseite des Rio Sado erstreckt sich eine sehr flache, bei Niedrigwasser teilweise trockenfallende Bank mehr als 1 Seemeile ins Meer hinaus.

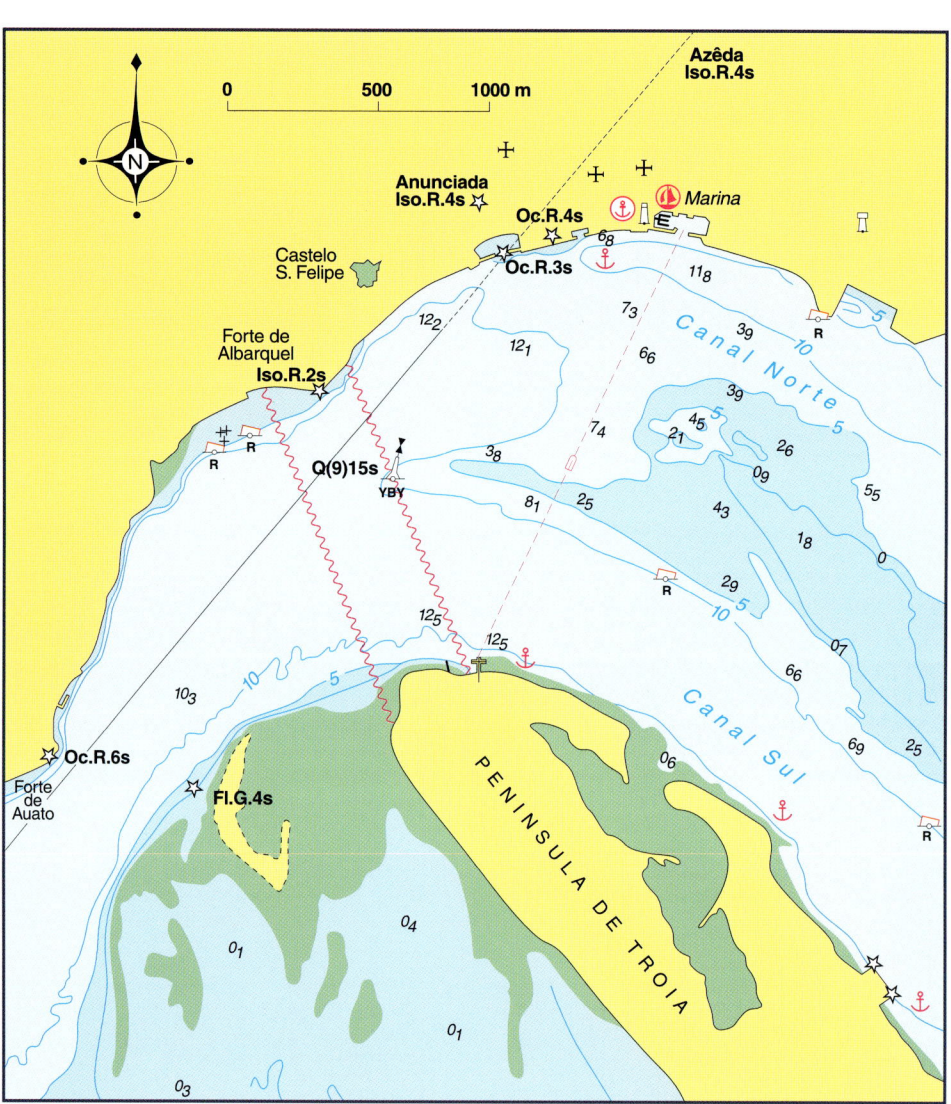

Liegeplätze

Die kleine Marina des Ortes befindet sich dicht am Stadtzentrum. Leider ist sie zumeist dicht an dicht belegt, aber hat man einen Platz ergattert, findet man den üblichen Marinakomfort.

Versorgung

Setubal ist ein eindeutig industriell geprägter Ort. Lebensmittelgeschäfte findet man relativ nahe bei der Marina in der Altstadt. Hier gibt es auch einige Restaurants. Man hat den Eindruck, daß vom Restaurant bis zum Supermarkt das Preisgefüge in Setubal spürbar günstiger ist als in Lissabon und Umgebung – bezahlt

Marina Setubal

wird dies allerdings mit dem eher fragwürdigen Charme einer mittleren Industriemetropole.

Touristik

Viel Sehenswertes läßt sich dem drittgrößten Hafen Portugals nicht entlocken. Die Industriestadt lockt eher mit imposanten wirtschaftlichen Zuwachsraten als mit Sehenswürdigkeiten. Ein Autowerk und Fischkonserven bilden das Rückgrat der Entwicklung. Westlich angrenzend, gibt es allerdings eine Reihe schöner Strände. Hat es einen nach Setubal verschlagen, sollte man aber nicht versäumen, einen kurzen Abstecher gleich hinter dem Hafen in die Altstadt zu machen. Hier gibt es eine ganze Reihe guter Fischrestaurants, die einen

Setubal City

Marina Setubal

Im Yachthafen Setubal

Besuch auf jeden Fall lohnen – selbst dann, wenn sie vielleicht nach außen einen weniger vertrauenerweckenden Eindruck machen. Es lohnt sich auf jeden Fall! Normalerweise kann man sich den Fisch frisch aussuchen, und er wird dann auf einem zumeist offenen, hauseigenen Grill nach den Wünschen des Kunden gebraten – schon das Zusehen bei der Speisenzubereitung macht Vergnügen. Oberhalb der Flußmündung des Rio Sado, das heißt oberhalb von Setubal in einer Watten- und Marschlandschaft ist ein großer Teil als Naturreservat ausgewiesen. Kiefernwälder und Sanddünen prägen das Bild. Hier sollen Brutplätze für Zugvögel geschützt werden, aber auch klassische Erwerbszweige, wie Fischerei und Salzgewinnung, erhalten bleiben.

Sines (37° 56'N 008° 51'W)

Rund 65 Meilen nördlich von Cabo São Vicente liegt im Schutze des vorspringenden Cabo Sines der gleichna-

mige Ort. Neben seiner strategisch günstigen Lage – der Schutzhafen liegt fast auf der Hälfte der Strecke zwischen Cabo Sao Vicente und Lissabon – hat er dem Durchreisenden aber auch einiges zu bieten. Die Altstadt zieht sich oberhalb eines weiten, rundgeschwungenen Strandes malerisch einen etwa 80 m hohen Steilhang hinauf.

Ansteuerung

Die Stadt selbst bemerkt man erst, relativ dicht vor dem Ort stehend. Von Süden kommend, ist die Außenmole mit der Ölverladepier und den dahinterstehenden Öltanks die beste Ansteuerungshilfe. Von Norden kommend wird man die Küste auch erst dicht unter Land ausmachen, da sie aus einer langen Folge niedriger Sanddünen besteht, die in einen Sandstrand auslaufen. Guten Abstand zu halten ist hier Pflicht, und nur das Leuchtfeuer auf Cabo Sines bildet eine geeignete Ansteuerungsmarke. Hat man Cabo Sines gerundet, ist der Hafen aber wiederum leicht an der Ölverladepier und den Tanks auszumachen.

Liegeplätze

Lag man früher in der Darsena Pesquera bei den Fischerbooten, ist dies jetzt nicht mehr notwendig bzw. auch nicht mehr erwünscht. Hat man die lange Außenmole gerundet, hält man genau auf die Altstadt und den darunter liegenden Strand zu. Schon nach kurzer Zeit wird man auf der Steuerbordseite die neue Schutzmole des Yachthafens erkennen. Er ist nicht übermäßig groß – vielleicht finden 100 Boote an der Innenseite der Mole und den vier Clubstegen Platz. Für durchreisende Boote wird es aber immer eine Lücke geben. Der Hafen ist im Übrigen technisch schon recht gut ausgestattet, obgleich er sich noch im Ausbau befindet und das „Drumherum" noch wenig einla-

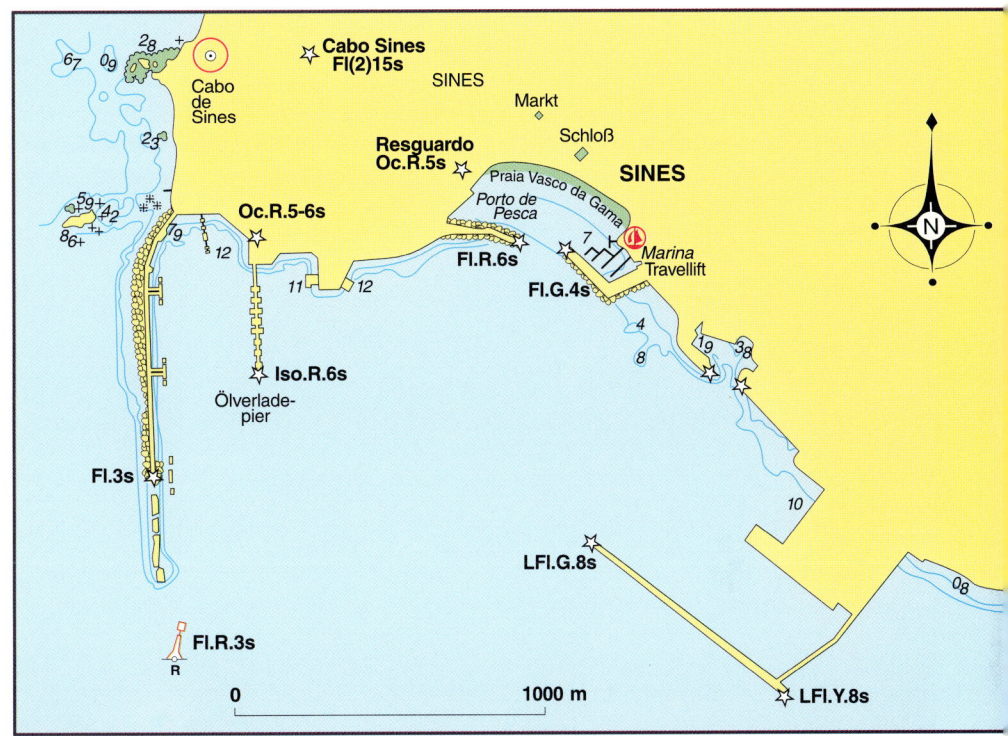

Yachthafen Sines

Die Bucht von Sines

dend wirkt. Für Ankerliebhaber gibt es noch die Möglichkeit, vor dem Strand gut frei von der Einfahrt zum Yachthafen auf 3 bis 5 m gut haltendem Sandgrund vor Anker zu gehen. Im Sommer ist der Strand aber sehr gut bevölkert, und man muß auf Schwimmer besonders achten.

Versorgungsmöglichkeiten

Wunder darf man von dem kleinen, eher malerischen Ort nicht erwarten, aber wenn man die Hauptstrasse hinter dem Strand entlanggeht und rechts die erste abzweigende Strasse Richtung Ortskern geht, findet man, oben angekommen, einen kleinen Supermarkt. Mehr

Läden finden sich allerdings im Innern der Stadt, wenn auch vom Hafen relativ weit entfernt. Der Yachthafen hat jetzt einlaufend backbord eine neu errichtete Tankstelle.

Touristik

Die kleine Ortschaft ist nicht nur ein bedeutender Ölanlandeplatz, sondern auch ein nach wie vor wichtiger Fischereihafen. Der Ort ist, dicht an einen Fels geschmiegt, über eine Bucht den Hang hochgebaut und übt nicht nur aufgrund seiner gut geschützten Lage einen gewissen Reiz aus. Seit Menschengedenken war Sines für die Seefahrer ein wichtiges Etappenziel auf

Marina Sines

der ansonsten ankerplatzarmen Strecke zwischen Cabo Sao Vicente und dem Norden. Am besten schlendert man ziellos durch die Strassen und Gassen des Ortes und läßt sich gefangennehmen von den netten Gassen und hübschen Ausblicken auf die Ankerbucht. Spektakuläres darf man in dem Ort, in dem vor rund 500 Jahren der berühmte portugiesische Entdecker Vasco da Gama das Licht der Welt erblickte, nicht erwarten, er besticht mehr durch seine gediegene Atmosphäre. Was auf jeden Fall lohnt, ist der Besuch eines der Fischlokale nicht nur unmittelbar am Hafen, sondern auch oben im Ort gelegen.

Praia Vasco da Gama

Vasco da Gama – der Seeweg nach Indien

1498, nach langen Jahren der Vorbereitung ist es endlich soweit, drei portugiesische Schiffe erreichen nach Umsegelung der Südspitze des afrikanischen Kontinents den Hafen Melinde in Ostafrika und nur wenig später mit Hilfe eines arabischen Lotsen den Hafen von Kalikut in Indien. Der Seeweg nach Indien ist endgültig für Europa entdeckt und mit dieser kühnen Tat der Name des Seefahrers Vasco da Gama untrennbar verbunden. Mit seinen 29 Jahren bei Ankunft in Indien gehörte der Entdecker zu den jüngeren Kapitänen. 1469 in Sines im Alentejo geboren, erhielt der aufgeweckte Junge eine ordentliche Ausbildung in Nautik und Latein. Schon mit 19 Jahren erwarb er sein Kapitänspatent. Sein Charakter wird als zielstrebig, unerschrocken und geradlinig, aber auch als rücksichtslos beschrieben. Wenn es ihm nötig erschien, war er mit Folter und Hinrichtung schnell bei der Hand, um seine Ziele zu erreichen. Aber ohne die systematische Vorbereitung durch andere Kapitäne hätte auch ein so aussergewöhnlicher Mensch wie Vasco da Gama den Seeweg nach Indien wohl nicht gefunden. Es ist aber sein Verdienst, den letzten Mosaikstein in das Gesamtbild des Seewegs nach Indien eingefügt zu haben. Im Gegensatz zu den Entdeckungsfahrten der Spanier waren die der Portugiesen systematisch aufgebaut. Zunächst galt es, das berüchtigte Kap Bojador in Westafrika zu umrunden und dem Aberglauben zu begegnen, ein Schiff welches das Kap umsegele könne nie wieder nach Europa zurückkehren. Dies gelang Kapitän Gil Eanes im Jahre 1434. Endlich im Jahre 1488 gelang es Bartholomeu Dias das Kap der Guten Hoffnung zu umschiffen. Unter der Aufsicht Dias wurden die Schiffe der da-Gama-Flotte gebaut und ausgerüstet, die *São Gabriel*, die *São Rafael* und die *Berrio*. Dias führte bis auf Höhe der Kapverden das Kommando bevor er es an da Gama übergab. Im Gegensatz zu allen Expeditionen vorher, die sich samt und sonders in Landsicht gehalten hatten, setzte da Gama Kurs in einem weiten Bogen über den Südatlantik auf die Südspitze Afrikas ab – gewiß ein Beweis für seine nautische Befähigung.

III. Cabo São Vicente bis Rio Guadiana

Von Sines zum Cabo São Vicente ist die Küstenlinie glatt, das Kliff steil aufragend und dem Hinterland mangelt es an markanten Landmarken. Cabo São Vicente, schon von weitem leicht erkennbar an seinem markanten Steilabfall und dem rot-weiß gebänderten Leuchtturm, bildet die Südwestspitze des europäischen Festlands und läuft kühn weit in den Atlantik hinaus.

Man tut gut daran, es in einem ordentlichen Abstand zu runden – nicht weil Untiefen dazu zwängen, aber weil von den steil aufragenden Felswänden des Kaps kräftig Wellen reflektiert werden können und dann zu unangenehmen Seebedingungen führen.

Hat man Cabo São Vicente erst gerundet, verändern sich in der Regel die Segelbedingungen schlagartig. Der in den Sommermonaten eigentlich ständig aus Nord wehende Wind weht nunmehr ablandig, so daß die Wellenhöhe in der Regel deutlich abnimmt, auch die Windstärke nimmt spürbar ab – zu dicht unter der Küste kann es jedoch zu Fallböen kommen.

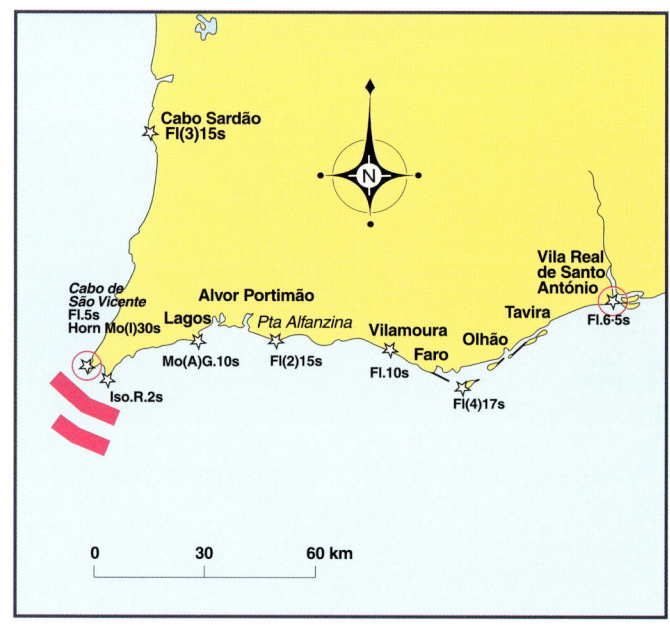

Cabo São Vicente

Etwa 2,5 Seemeilen südöstlich von Cabo São Vicente ragt die Ponta del Sagres weit ins Meer hinaus. Die unmittelbar dahinter anschließende Ensenada de Sagres ist von alters her ein beliebter Ankerplatz. Er diente den Schiffen schon der Frühzeit als Absprunggelegenheit, wenn sie wegen des im Sommer praktisch ständig wehenden portugiesischen Norders nicht das Cabo São Vicente runden konnten. Hier warteten die Schiffer auf die Vorderseite eines heranrückenden Tiefdruckgebietes, um den dann einsetzenden, meist schwachen Süd-

Die „Sonnenuhr" von Sagres

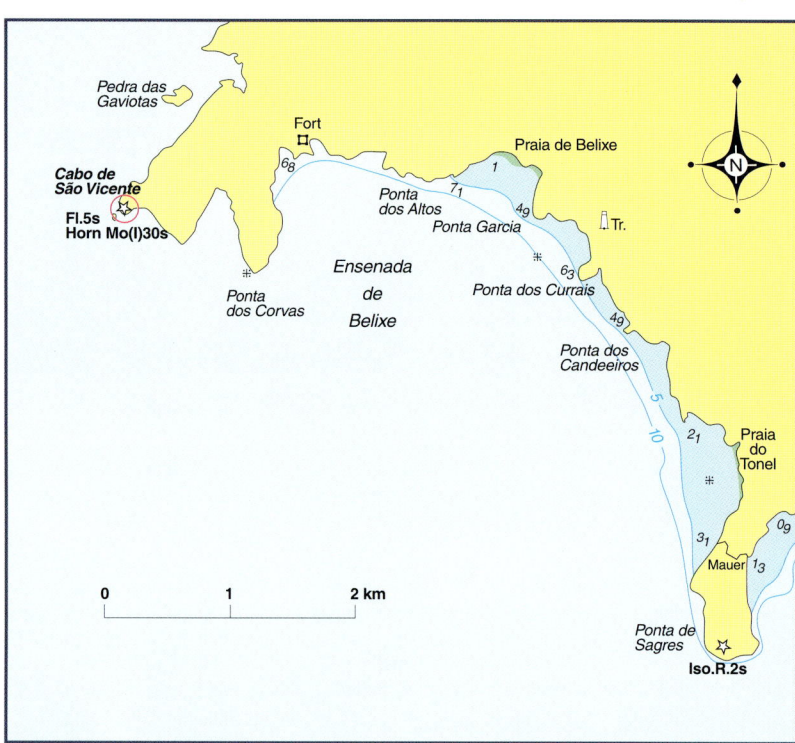

Pedra das Gaviotas

Fort

Praia de Belixe

Cabo de
São Vicente

Fl.5s
Horn Mo(I)30s

6₈

7₁

1

Ponta
dos Altos

4₉

Tr.

Ponta Garcia

Ponta
dos Corvas

Ensenada
de
Belixe

6₃

Ponta dos Currais

4₉

Ponta dos
Candeeiros

5

10

2₁

Praia
do
Tonel

3₁

0₉

Mauer 1₃

Ponta de
Sagres

Iso.R.2s

0	1	2 km

Sagres

Sagres

Kolumbus Schiffbruch

Über die Zeit vor seinen großen Entdeckungsfahrten ist nicht allzu viel bekannt, aber eine Geschichte ist verbürgt – sie spielt bei Cabo São Vicente.

Als junger Handelsmatrose heuerte Kolumbus auf der Bechalla, einem genuesischen Kauffahrer, der unter flandrischer Flagge lief an. Sie war das Flaggschiff eines Konvois von fünf Schiffen, der am 31.5.1476 von Genua, genauer Noli, westwärst durch die Strasse von Gibraltar zunächst nach Lissabon und dann über die Biscaya nach England und Flandern segeln wollte. Zunächst kam der Konvoi gut voran und auch die schwierige Passage der Strasse von Gibraltar stellte kein ernstes Problem dar. So erreichte der spätere Entdecker wohl erstmals die Gestade des Atlantiks. Als die Schiffe am 13.August Cabo São Vicente in Sichtweite hatte, näherten sich von Norden kommend eine Reihe französischer Korsarenschiffe und einige portugiesische Kriegsschiffe, insgesamt 13 schwimmende Einheiten. Für sich gesehen war alles kein Drama, Frankreich und Genua lagen nicht im Krieg miteinander, sehr wohl aber Frankreich und Flandern. Es kam also zum Seegefecht, in dem der genuesische Konvoi unter flandrischer Flagge hoffnungslos unterlegen war. Es dauerte nicht lange und die stolze Bechella drohte zu sinken. Kolumbus hatte keine andere Wahl als über Bord zu springen und an ein hölzernes Ruder geklammert in der Nähe von Cabo São Vicente an Land zu schwimmen. Dort wurde der völlig entkräftete Schiffbrüchige wohl von Fischern aufgenommen, die ihm die Weiterreise nach Lagos und später dann nach Lissabon ermöglichten. So betrat Kolumbus die für ihn so schicksalhafte atlantische Welt erstmals in einer Weise, wie man sie dem unerschrockenen und in seinen Plänen hochfahrenden Entdecker wohl nicht zugetraut hätte.

westwind zu nutzen, die Küste nach Norden zu segeln. Auch heute kann man in der Ensenada de Sagres (37'N 008° 56'W) auf 3 bis 5 m felsigem Grund mit Sandflecken durchsetzt ankern.

Besser liegt man aber in dem nur rund 1 Meile weiter östlich gelegenen kleinen Hafen von

Baleira (37° 00'N 008° 55'W)

Baleira ist ein winziger Ort mit einem hübschen kleinen Fischerhafen. Vielleicht ist Ort sogar der falsche Ausdruck, besser könnte man Baleira vielleicht als eine beliebige Ansammlung einiger Häuser bezeichnen. Die Einsteuerung ist einfach, man orientiert sich an der

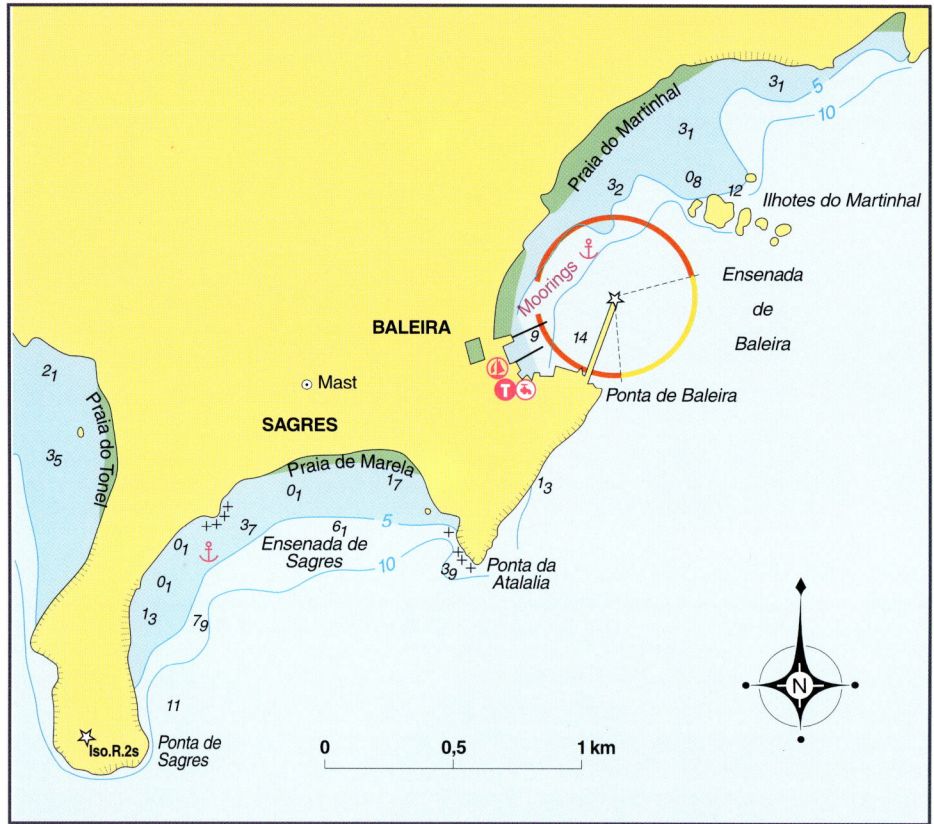

Ensenada da Baleira

Ponta da Baleira, von der aus die auffällige Außenmole weit in die Bucht hineinläuft, zwischen ihr und den nördlich angrenzenden Felsen Ilhotes do Martinhal. Zwischen den Felsen und dem Festland darf man nicht hindurchlaufen, hier liegen blinde Klippen bis dicht unter die Wasseroberfläche.

Liegeplätze

Im Fischerhafen gibt es keine Anlegemöglichkeiten für Yachten. Angesichts des Tidenhubs und der merkwürdigen Stelzenkonstruktion der beiden Betonstege kommt man wohl auch nicht auf die Idee, an diesen festzumachen. Möglichst legt man sich vor eigenen Anker auf 5 bis 8 m Wassertiefe dicht an der Spitze des nördlichen der beiden Betonstege. Auf jeden Fall sollte man nicht darauf verzichten, eine Tripleine zu verwenden – es liegen sehr viele ausrangierte Gerätschaften, wie Fischernetze usw., im Hafenbecken. Als improvisierte Ankerboje hat sich einer der hier überall erhältlichen Wasserkanister – wenn er denn leer ist – bestens bewährt. Üblicherweise ist der Hafen nur schwach belegt, so daß den Booten genug Schwojraum vor Anker zur Verfügung steht.

Gegen 17 Uhr am Nachmittag kommen die Fischerboote zurück. Sie werfen dann kurzfristig unangenehmen Schwell im Hafenbecken auf. Es ist schon interessant, sich ihren Fang anzusehen. In der Regel werden es

Hafen Baleira

Lobster, Brassen oder auch Meerengel sein, die hier gefangen werden.

Versorgungsmöglichkeiten
Die Versorgungsmöglichkeiten in Baleira sind einge-schränkt. Oben im Ort kann man Lebensmittel besor-gen, die dann per Beiboot zum Schiff gebracht werden

müssen, kurzum, die Versorgungsmöglichkeiten in an-deren Häfen sind unbeschwerter.

Touristik
Die Ortschaft Baleira zusammen mit der Häuseran-sammlung von Sagres haben als zusammengewürfelte Häuseransammlungen mit Beliebigkeitscharakter touri-

Küste bei Sagres

stisch eigentlich nicht das Geringste zu bieten. Gleichwohl ist der so unscheinbare Ort geradezu das Mekka der portugiesischen Seefahrtsgeschichte und deshalb für uns Yachties von höchster Bedeutung. Die Halbinsel von Sagres, die sich kühn und klotzig als letzte Ecke Europas in den Atlantik hinausreckt, ist ein starker Platz. Er hat die Menschen jahrhunderte-, nein jahrtausendelang fasziniert und wohl auch zugleich er-

schrocken gemacht. An kaum einer anderen Stelle fühlt sich der Betrachter derart berührt, wie auf diesem windumtosten und nur von dürrem, krüppeligem Gebüsch bewachsenen Plateau. Bis vor gut 20 Jahren verträumt und abgeschieden ist Sagres insbesondere im Sommer heute touristisch überlaufen – das tut seiner Faszination aber merkwürdigerweise nicht den geringsten Abbruch. Bekannt ist, daß schon in heid-

Küste bei Sagres

nischer Zeit der Ort ein Heiligtum barg, dessen Lage aber nicht mehr zu identifizieren ist. Diese besondere geographische Lage und nicht zuletzt der Umstand, daß Prinz Heinrich der Seefahrer angeblich auf dem Plateau seine berühmte Seefahrerschule gründete, haben Sagres zu weltweiter Berühmtheit gebracht. Schon 1910 wurde der Ort zum nationalen Denkmal Portugals erklärt und in den letzten Jahren die „Seefahrerschule"

modernst renoviert bzw. neu aufgebaut. Es sei aber nicht verschwiegen, daß die Lage der Seefahrerschule unter Historikern hochgradig umstritten ist. Es gibt sogar einige, die ihre Existenz schlechthin anzweifeln. Das Ausstellungszentrum, das sich heute in Sagres befindet, gibt nur einen sehr oberflächlichen und verschwommenen Eindruck wieder. Wenn man sich aber hinter dem Ausstellungszentrum auf die Nordseite der

Sagres – Seefahrerschule Heinrichs

Sagres – „Sonnenuhr"

Heinrich der Seefahrer
Geboren im Jahr 1394 sollte Heinrich den Grundstein für die Weltgeltung Portugals legen. Dabei ist seine Geschichte bis heute nur unvollständig erforscht, was den Mythos um seine Person noch verstärkt. Als Sohn König Joaos I. tritt der junge Heinrich erstmals im Jahre 1415 in Erscheinung. Er beteiligte sich damals als Heerführer an der Eroberung der ersten portugiesischen Überseeprovinz, Ceuta, jenseits der Meerenge von Gibraltar. Obgleich ihm später immer der Beiname „der Seefahrer" gegeben wurde, war die Überfahrt nach Ceuta die einzig überlieferte Seereise des Prinzen. Jedenfalls ist den Historikern nichts von einer weiteren Reise bekannt. Fünf Jahre nach dem Ceuta-Abenteuer wurde Heinrich zum Gouverneur der Algarve ernannt. Vermutlich hatte schon der Ceuta-Feldzug Heinrichs Phantasie angestachelt, dem Islam und vor allem der Vormachtstellung der Araber im Handel mit dem fernen und mittleren Osten den Rang abzulaufen und Portugal zur Weltgeltung zu verhelfen. Wir dürfen nicht vergessen, dass zur damaligen Zeit die Gewürze Indiens in Westeuropa mit Gold aufgewogen wurden. Der lukrative Handel mit diesen Spezereien war von arabischen Händlern, die den Landweg nach Indien kontrollierten, und von der Seerepublik Venedig , die für den Transport und den Weiterverkauf dieser Güter in Westeuropa verantwortlich zeichnete, monopolisiert worden. Heinrichs Idee war es nun, durch

Halbinsel bemüht und den Klippenanglern bei ihren kühnen Angelzügen zusieht und der Blick gen Norden zum Cabo Sao Vicente und seinem imposanten Leuchtturm schweift, wird man sich schnell der historisch bedeutenden Lage dieser Festung bewußt. Sie liegt an den historischen Schiffahrtsrouten zwischen Nordeuropa und dem Mittelmeer. Die Bucht von Sagres bot schon Phöniziern Schutz bei der Rundung des Cabo Sao Vicente nach Norden, und bis in die Neuzeit hinein hat die Bucht diese Bedeutung behalten. Lange Zeit galt Sagres als das Ende der Welt, was sicher viel zu seiner mythischen Ausstrahlung beigetragen hat. Es gehört nicht viel Phantasie dazu, sich angesichts der

Schroffheit und Einsamkeit der Gegend, sozusagen der letzten Station vor dem Unbekannten, vorzustellen, wie die mittelalterlichen Seefahrer sich ängstlich, aber auch neugierig den unerforschten Weiten der Ozeane zuwandten. Wenn man so will, ist es das Verdienst Heinrichs des Seefahrers den Menschen zu helfen, diese Angst zu überwinden und damit Portugal zur Keimzelle der Entdeckung der Welt und dem Wandel zur Neuzeit zu machen. Dieser westlichste Zipfel der Algarve, was im Arabischen so viel wie Westen heißt, bietet also trotz seiner auf den ersten Blick erscheinenden Öde für uns viel zu entdecken. Vor diesem Hintergrund betrachtet, scheinen die heute zu besichtigenden

Entdeckung eines Seewegs nach Indien die fernöstlichen Güter in größerer Menge per Schiff nach Portugal zu schaffen und an dem gewinnbringenden Handel mit Gewürzen zu partizipieren. Daß diese Aktion zugleich die Araber schwächen würde, war ein willkommener religiös motivierter Nebenzweck. Heinrich war aber klug genug zu wissen, daß die Einrichtung einer nachhaltigen Seeverbindung mit Indien über eine so weite Distanz mehr verlangte als das kühne Abenteuer womöglich eines einzelnen Kapitäns. Als Freund gründlichen und systematischen Vorgehens versammelte er um sich in Sagres die Elite der damaligen nautischen und angrenzenden Wissenschaften wie Astronomie, Geographie und Schiffbau. Während die Wissenschaftler neue Methoden der astronomischen Ortsbestimmung suchten, bzw. verfeinerten, oder als Schiffsbauer neue Schiffstypen konstruierten, schickte Heinrich Expeditionen entlang der afrikanischen Küste. Jede kam ein Stückchen weiter als die vorhergehende und portugiesische Navigatoren gelangten so Stück für Stück zu immer mehr Kenntnissen über die verschiedenen Reviere. Die Umschiffung Cap Bojadors durch Gil Eanes war dabei ein ebenso wichtiger Meilenstein wie die Entdeckung Madeiras und der Azoren. Eine solche Form der Entdeckungsfahrten kostete enorm viel Zeit und Geld. Als Heinrich im Jahre 1460 starb waren es noch fast 40 Jahre bis zum Ziel, der Entdeckung des Seewegs nach Indien.

Baleira

Holzschiffbau in Baleira

Überreste nur Minimalcharakter zu haben. Wir nähern uns der Festung von Sagres über einen sehr langen, geraden Fahrweg. Wenn wir durch das Tor der Festungsmauer hindurch sind, öffnet sich der Blick auf einige weiß getünchte Gebäude geradeaus. Das wohl älteste erhaltene Bauwerk liegt ganz linker Hand außen. Es ist ein Turm, der dem Schutz einer darunter liegenden Zisterne dient. Er stammt vermutlich, genau wie die Zisterne, aus der Zeit Heinrichs des Seefahrers. Das Gebäude in der Mitte, in dem sich jetzt Geschäfte befinden ist, wohl aus dem 18. Jahrhundert stammend, das Haus des Festungskommandanten gewesen. Das kleinere Haus rechts daneben, das wenig geschmackvoll als Klohaus dient, soll ursprünglich die Residenz Heinrichs des Seefahrers gewesen sein, auch wenn hierüber historischer Streit besteht. Die aktuelle Nutzung eines derart historischen Gebäudes läßt allerdings erhebliche Zweifel am Geschmack der Restaurateure der Festungsanlage aufkommen. Die kräftige äußere Schutzmauer ist übrigens nicht gar so alt, sie geht auf das Ende des 18. Jahrhunderts zurück. Die kleine weiße Kirche Nossa Senora de Graca stammt aus dem 16. Jahrhundert und wurde an der Stelle errichtet, wo ein Jahr vor dem Tode Heinrichs des Seefahrers (1460) das Kirchlein Santa Maria stand. Last not least befindet sich auf dem großen Platz nahe der Festungsmauer ei-

Einfahrt nach Lagos

nes der fremdartigsten archäologischen Denkmäler von Sagres. Es ist die sogenannte „Windrose", eine kreisrunde geometrische Figur von gut 40 m Durchmesser. Sie ist unterteilt in 48 anstelle von sonst üblichen 32 Feldern einer Windrose, was die Windrosentheorie wohl auch zum Einsturz gebracht hat. Nichtsdestotrotz wird das Gebilde im Volksmund weiter Rosa dos Ventos, also Windrose, genannt. Obgleich das geometrische Gebilde schon im 18. Jahrhundert

bekannt gewesen sein soll, wurde erst im Jahre 1918 mit der Freilegung begonnen, die vermutlich bis heute noch nicht gänzlich abgeschlossen ist. Die heute gängige Theorie bezeichnet das Gebilde als Sonnenuhr. Dabei fragt sich der unvoreingenommene Betrachter allerdings, wieso die Sonnenuhr ein kreisrundes Gebilde ist. Wenn der Schattenstab in der Mitte steht, macht es nicht den geringsten Sinn, auf der Nordhalbkugel ein Sonnenuhrzifferblatt auch in den südlichen Qua-

dranten hineinzuziehen! Die wissenschaftliche Durchdringung der Fundstätte „Sagres" ist höchst rudimentär, und so könnte die Gegend noch für einige archäologische Überraschungen gut sein. In der äußersten Südwestecke Europas wurde übrigens eine große Zahl neolithischer Menhire lokalisiert, die in Linien oder Kreisen (siehe Windrose!) angeordnet sind. Legenden, Mythen und Wirklichkeit auseinander zu dividieren, dürfte größte Schwierigkeiten bereiten, und es bleibt zu hoffen, daß die oberflächlichen Restaurationsarbeiten in Sagres nicht zur Verwischung vielleicht noch vorhandener historischer Spuren führen.

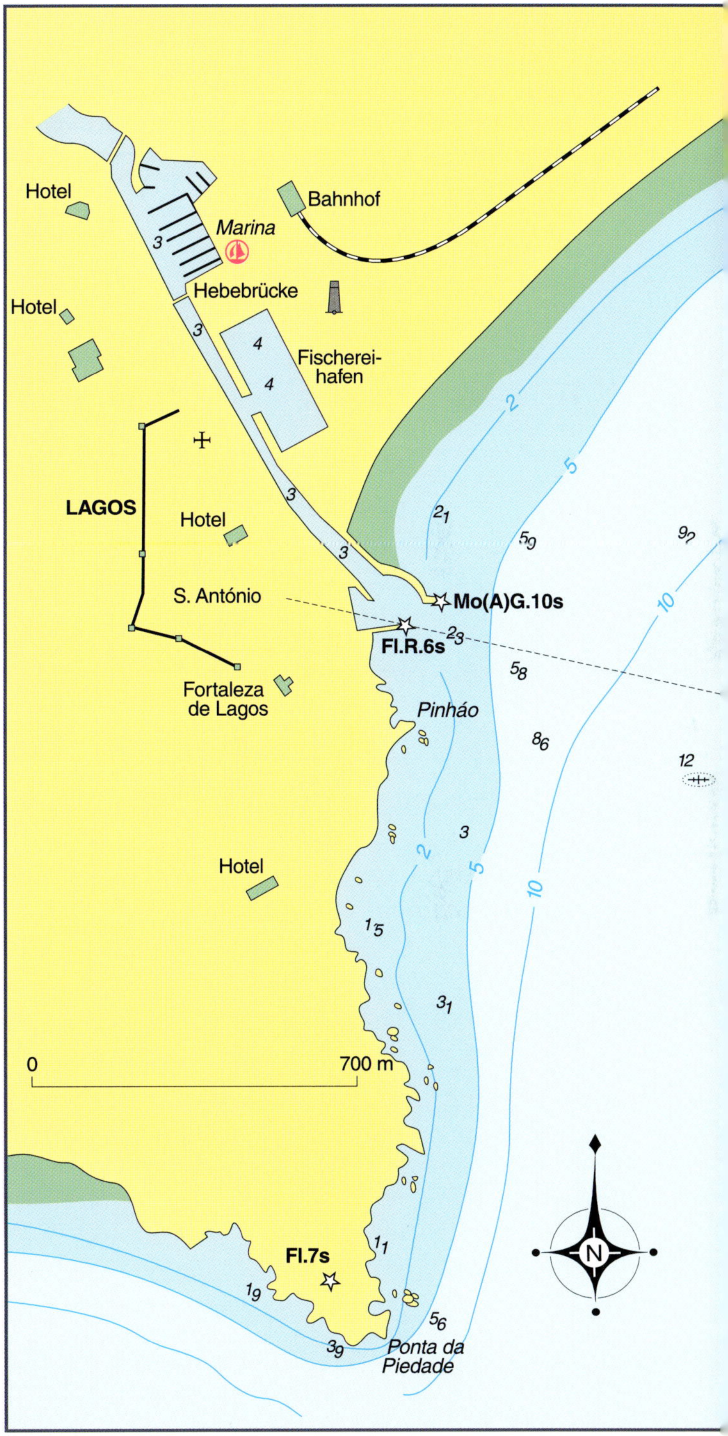

Nur rund 15 Meilen östlich von Baleira liegt

Lagos (37° 06'N 008° 40'W)

Zwischen Baleira und Lagos entfaltet sich der ganze Charme der Algarveküste. Hier befinden sich, eingerahmt von meist unzugänglichen, sehr hübschen Sandstränden, die allseits aus den Prospekten der Reiseveranstalter bekannten Felsentore. Skulpturen und Höhlen, die der Atlantik in die bis ins Meer hinausragenden steilen Felsen gesägt hat. Der auffallend rötliche Schimmer des Gesteins ist sehr charakteristisch.

Hotel

Bahnhof

Marina

Hebebrücke

Fischerei-
hafen

LAGOS

Hotel

S. António

Mo(A)G.10s

Fl.R.6s

Fortaleza
de Lagos

Pinháo

Hotel

Fl.7s

Ponta da
Piedade

0   700 m

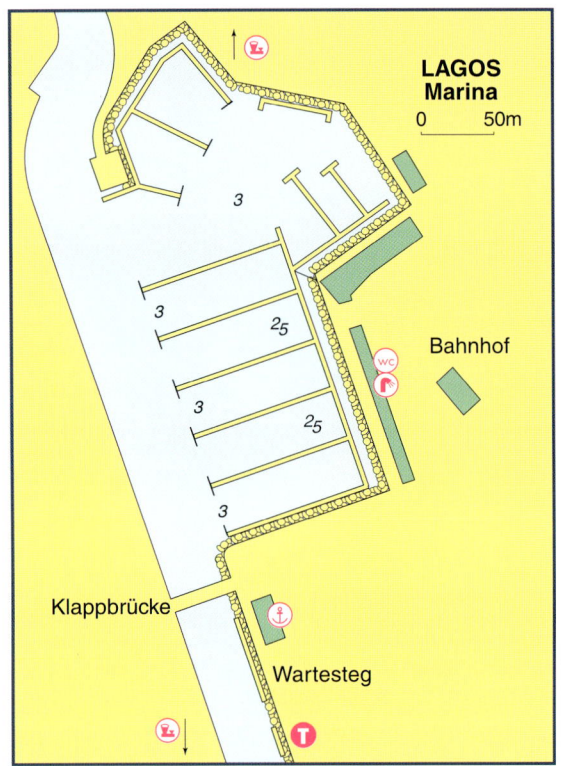

LAGOS
Marina

0   50m

Bahnhof

Klappbrücke

Wartesteg

Marina Lagos

Ansteuerung

Die deutlichste Ansteuerungsmarke ist sicher die Ponta da Piedade, in deren Uferfelsen phantastische Höhlen erodiert wurden. Man erkennt es tagsüber daran, daß hier eine Menge kleiner Ausflugsboote geschäftig hin- und herfahren und den Touristen die Schönheit der Landschaft nahezubringen versuchen. Die Einfahrt nach Lagos selbst ist erst dicht unter Land zu erkennen. Sie wird von einem auffällig quadratischen Kastell "La Bandera" auf der Backbordseite der Einfahrt bewacht. Insbesondere bei Niedrigwasser erscheint die Einfahrt beängstigend schmal, aber man darf auch zu Springniedrigwasser mit ca. 3 m in der Einfahrt und in der gebaggerten Rinne des hier mündenden Flüsschens rechnen. Jedoch muß man sich gut in der Mitte des Fahrwassers halten, was angesichts der vielen Ausflugsboote manchmal Nerven kostet. Hat man die Einfahrt geschafft, läuft man einige hundert Meter den Fluß hinauf bis zu der deutlich den Fluß überspannenden Fußgängerbrücke. Vor der Brücke liegt einlaufend steuerbord ein langer Schwimmsteg als Wartesteg. Hier kann man festmachen und die Marinaformalitäten erledigen. Die Brücke wird dann vom Hafenmeister geöffnet und man kann hindurchfahren und findet unmittelbar hinter der Brücke steuerbord die eigentliche Marina.

Der neue Hafen bietet noch durchaus Platz. Viele Boote, die hier liegen, wirken zumeist ständig bewohnt und man sieht ihnen an, daß sie in der Regel lange unterwegs gewesen sind. Die Liegegebühren sind günstig. Die Anlage insgesamt wirkt gepflegt und vor allem gut gesichert und ist deswegen auch geeignet, ein Boot länger allein und unbeaufsichtigt liegen zu lassen. Die technische Ausstattung der Marina ist perfekt.

Versorgungsmöglichkeiten

Die Versorgungsmöglichkeiten in Lagos sind hervorragend. Die Läden an der Marina selbst (Boutiquen, Schiffsausrüster, Kneipen und Restaurants) sind allesamt vermietet, und Lebensmittel gibt es nur ca. 200 m

Fischerhafen Lagos

mit schwarzem Elfenbein – also Sklavenhandel. An der heutigen Praca da Republica soll der erste Sklavenmarkt stattgefunden haben. Nicht weit von hier, in der Festungsanlage Ponta da Bandeira, befindet sich neben einer Ausstellung zu den Entdeckungsfahrten der Portugiesen ein empfehlenswertes Fischrestaurant.

Nur schwer vorstellbar ist es, daß der Entdecker Gil Eanes von hier aufbrach, um 1434 Cap Bojador an der westafrikanischen Küste zu passieren. Es war eine weitreichende Tat, da sie den abergläubischen portugiesischen Seeleuten zeigte, daß Schiffe Cap Bojador passieren konnten und auch wieder zurückkamen – die Legende wollte wissen, daß Schiffe, die dieses berüchtigte Kap passierten, nie wieder in den Norden zurückkreisen konnten. Weniger ruhmreich war der Kreuzzug König Sebastiaos, der 1578 von Lagos aus nach Marokko aufbrach, um gegen die Mauren zu kämpfen. Von seiner Streitmacht, die immerhin 18.000 Mann stark war, kam so gut wie niemand zurück, auch der Anführer Sebastiao selbst blieb verschollen. Das Ergebnis war, daß Portugal von 1580 bis 1640 an Spanien fiel – eine Schmach, die Portugal bis zum heutigen Tage nur oberflächlich verarbeitet hat. Unter dem schrecklichen Erdbeben von 1755 litt auch Lagos so erheblich, daß Bauwerke aus früherer Zeit – von einigen Teilen der Festungsmauer abgesehen – praktisch nicht erhalten sind. Das Erdbeben, das von vielen auch als göttliche Strafe gedeutet wurde, setzte der Blütezeit Lagos ein jähes Ende, von dem sich die Stadt nie wieder wirklich erholt hat. Davon merkt man natürlich heute, wenn man durch die Strassen und Gassen bummelt, nur noch wenig. Die Altstadt selbst wirkt auf den Betrachter äußerst pittoresk mit ihren gepflasterten Gassen, aber viele alte Stadthäuser und Stadtpaläste sind auch offenem Verfall preisgegeben.

Luftlinie entfernt an der Uferpromenade jenseits der Klappbrücke oder besser noch, 100 m hinter dem Hafen flußaufwärts befindet sich ein Einkaufszentrum mit dem Supermarkt "Pingo Doce".

Touristik

Lagos gehört mit zu den ältesten Stadtgründungen in Algarve. Seine strategisch günstige Lage und die schiffbare Flußmündung machten den Ort schon für Phönizier, Griechen und Kartager als wichtigen Handelsplatz interessant. Nach der römischen Herrschaft dauerte es immerhin bis ins 13. Jahrhundert, bevor Lagos wieder dem christlichen Abendland zugeführt wurde. Lagos gilt auch als die Wiege des Schiffstyps der Caravelle. Als Ergebnis nautischer Studien soll Heinrich der Seefahrer diesen Schiffstyp in Lagos erstmals haben bauen lassen. Im 15. und 16. Jahrhundert war Lagos auch ein Umschlagplatz für die begehrten Güter des Ostens: Gewürze, Gold und Elfenbein. Traurige Berühmtheit erlangte der Ort aber durch den Handel

Einfahrt der Lagune von Alvor

Nur rund 3 Meilen östlich der Einfahrt nach Lagos – also quasi in Sichtweite – öffnet sich die Einfahrt zu einem der wohl landschaftlich ansprechendsten Ankerplätze zwischen Lissabon und Gibraltar – der

Lagune von Alvor (37° 07'N 008° 38'W)

Bei Seegang, insbesondere natürlich auflandigem, verbietet sich selbstverständlich das Einlaufen. Da weder die Einfahrt noch die sich anschließende Fahrrinne betonnt sind, sei auch ausdrücklich darauf hingewiesen, daß nur mit größter Vorsicht und ständigen Lotungen die Einfahrt machbar ist. Gerade hier ist es auch besonders wichtig, vorher eventuell beim Vercharterer zu erfragen, ob das Echolot Wassertiefe oder Tiefe unter Kiel anzeigt. Ohne diese Information ist ein Einlaufen auf keinen Fall machbar. Vercharterer raten in der Regel auch davon ab, die Lagune anzusteuern. Zu viele Schiffe sind hier schon auf Grund festgekommen oder gar beschädigt worden. Die Lagune ist jedoch landschaftlich ein Volltreffer. Hat man den Ankerplatz unmittelbar vor dem malerischen Ort Alvor erreicht, darf man auch bei Springniedrigwasser mit etwa 2,5 m Wassertiefe am Ankerplatz rechnen.

Ansteuerung

Die Einfahrt der Lagune ist durch zwei Steinmolen gekennzeichnet, die bis etwa an die 6-m-Tiefenlinie heranreichen. Hat man den durch die Molen gebildeten Kanal passiert, wobei man sehr genau darauf achten muß, ob sich in der Einfahrt nicht mit der Zeit eine Barre gebildet hat, kann man unmittelbar nach Passieren der Einfahrt auf der Backbordseite, je nach Tiefgang und natürlich unter Beachtung des Tidenhubs, der in der Lagune gut 2 m erreichen kann, vor Anker gehen. Wagemutigere können aber auch die unmarkierte Rinne, deren Lage sich natürlich ständig verändert, bis zum Ankerplatz vor Alvor hinauflaufen. In der Lagune liegt man absolut geschützt, und der Ankergrund, Sand und Schlick, hält gut. Wie schon erwähnt, ist die Rinne

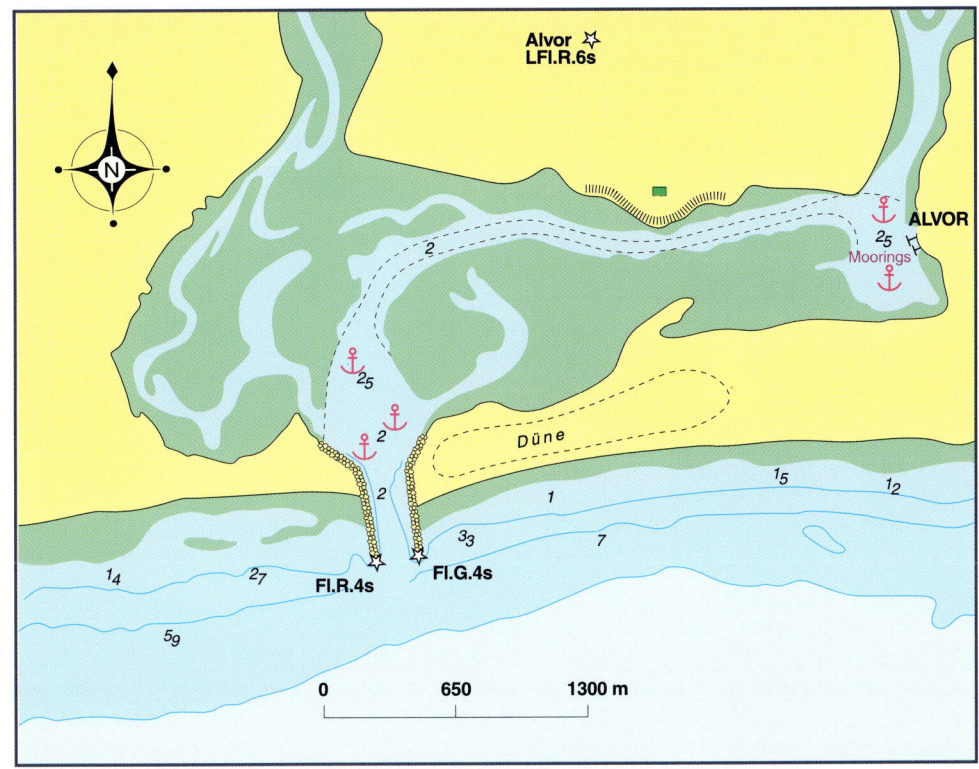

Alvor ☆
LFl.R.6s

ALVOR

2 5
Moorings

2

2 5

2

2

Düne

1 5

1 2

1

3 3

7

1 4

2 7

5 9

Fl.R.4s

Fl.G.4s

0   650   1300 m

nicht markiert, man folgt der Linie des dunkleren Wassers. Wo es schnell flach wird, sieht das Wasser türkisfarben oder bräunlich aus. Sollte nach Regenfällen das Lagunenwasser getrübt sein, verbietet sich die Einsteuerung für den Ortsunkundigen ebenfalls. Bei ruhigem, schönem Wetter und mit dem auflaufenden Wasser sollte der Trip für ein nicht zu tief gehendes Boot möglich sein.

Versorgungsmöglichkeiten

Die Benutzung des Beibootes ist natürlich obligatorisch, aber in dem malerischen Ort Alvor kann man die notwendigen Einkäufe problemlos erledigen.

Vielen Fahrtenseglern gefällt der Ankerplatz so gut, daß

Alvor – Ankerplatz

Alvor – Ankerplatz

sie zum Teil Monate, z. B. der Überwinterung, hier zu-
bringen.

Touristik

Wer die Lagune von Alvor und das kleine Städtchen be-
sucht, glaubt kaum, daß nur wenige Kilometer entfernt

Küste bei Praia Rocha

Skurril erodierte Felsen bei Lagos

eines der monströsesten Touristikzentren in Algarve, nämlich Praia da Rocha mit seinen Betonburgen, liegt. Alvor hat den Charme eines kleinen Fischer- und Handelsortes bewahrt. Malerisch auf einem Hügel gelegen, präsentiert sich die Altstadt, und man spürt noch das Erbe der Maurenzeit. Lagune und Ort bilden eine hübsche Einheit und sind landschaftlich herausragend. Schon im 5. Jahrhundert v. Chr. soll der Ort von Karthagern angelegt worden sein. Der kleine Fischerort mit seinen engen Gässchen und der alles überragenden Pfarrkirche aus dem 16. Jahrhundert ist pittoresk und bietet sich zum Schlendern an. Beschaulichkeit, wohin man blickt. Interessant ist auch zu sehen, was die Fischer – es gibt sie hier noch – unten an der Lagune anlanden.

Ganz nebenbei bemerkt starb in Alvor auch König Joao II. Es war jener Herrscher, der Kolumbus ursprüngliches Angebot an die Portugiesen, für sie einen Seeweg westwärts nach Indien zu entdecken, schlankweg abgelehnt hatte.

Aus heutiger Sicht betrachtet, wohl eine klare Fehlentscheidung.

Bis zur Einfahrt nach

Portimão (37° 07'N 008° 31'W)

ist es nur ein kleiner Sprung von knapp 5 Meilen.

Ansteuerung

Die Ansteuerung bereitet keine Probleme, man orientiert sich am besten an den von beiden Seiten der steilen Küste ins Meer deutlich hinausgebauten Molen, die die Einfahrt in den Rio Arade schützen. Portimao ist bekannt als rühriger Handels- und Fischerhafen. Gerade in Portimão gibt es aber verschiedene Möglichkeiten, einen Liegeplatz zu suchen. Der landschaftlich reizvollste und unter Fahrtenseglern bestimmt auch bekannteste ist der Ankerplatz vor dem kleinen Dorf Ferragudo, der ca. 1 Meile den Rio Arade hinauf auf der Steuerbordseite liegt. Der Ort, mit seiner Kirche auf dem Hügel alles sichtbar überragend, liegt in einer Ausbuchtung des Rio Arade, in dem man auf 2 bis 3 m gut haltendem Schlickgrund ankern kann. Unmittelbar gegenüber dem Ankerplatz auf der anderen Flußseite

Einfahrt nach Portimao

liegt die noch im Ausbau befindliche neue moderne Marina von Portimão. Sie soll im Endausbaustadium 620 Booten Platz bieten und den üblichen Marinakomfort haben. Unschön daran ist, daß interessierte Kreise versuchen, das Ankern vor dem Dorf Ferragudo zu verbieten – ganz offensichtlich ein Versuch, die Ankerlieger im eigenen Hafen zur Kasse zu bitten. Ob dies gelingt, ist noch offen, zumal die Ankerlieger vor Ferragudo weder den Schiffsverkehr auf dem Fluß noch den Zugang zur gegenüberliegenden Marina in irgendeiner Weise behindern. Eine weitere Liegemöglichkeit befindet sich noch rund eine weitere Meile den Fluß hinauf unmittelbar vor der Altstadt Portimãos auf der einlaufend linken Seite. Diese kleine Marina liegt im Fluß, und

Marina Portimao

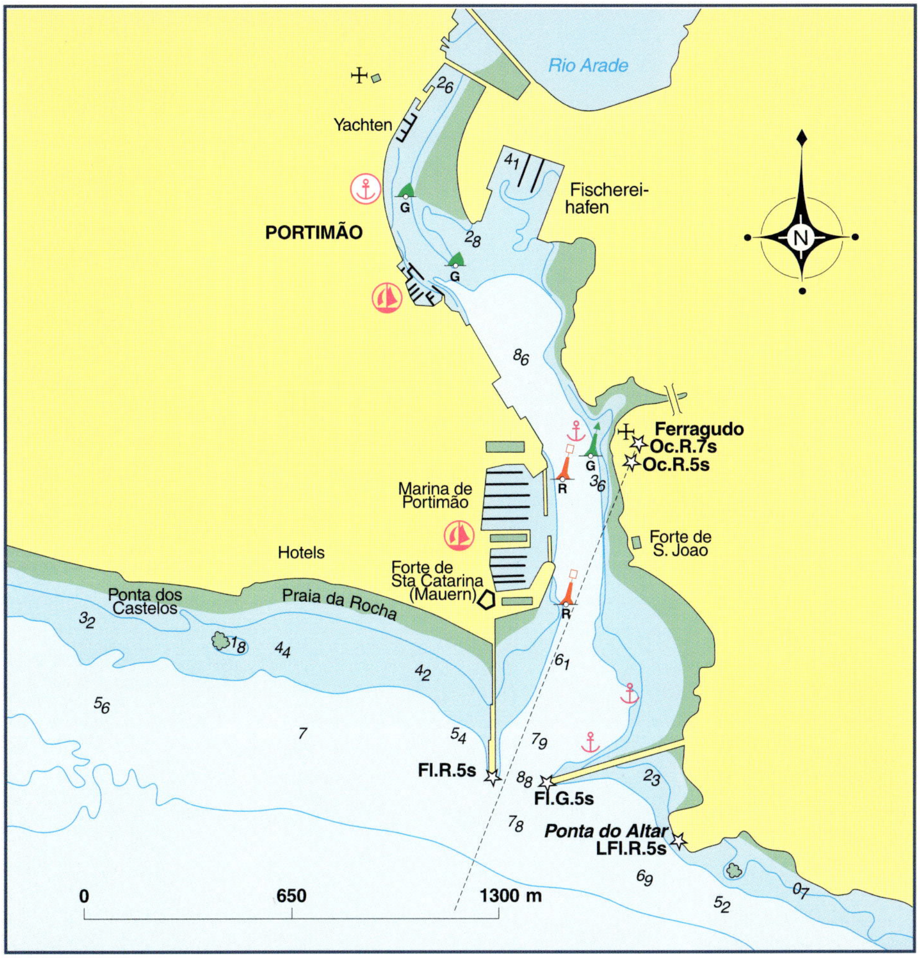

Map labels

Rio Arade

Yachten

PORTIMÃO

Fischerei-hafen

G

G

Ferragudo
Oc.R.7s
Oc.R.5s

G 3₆

R

Marina de Portimão

Forte de S. Joao

Hotels

Forte de Sta Catarina (Mauern)

R

Ponta dos Castelos

Praia da Rocha

N

8₆

2₆

4₁

2₈

3₂

18

4₄

4₂

5₆

7

5₄

6₁

7₉

8₈

Fl.R.5s

Fl.G.5s

7₈

2₃

Ponta do Altar
LFl.R.5s

6₉

0₇

5₂

0   650   1300 m

---

man muß beim Anlegen sehr wohl auf die nennenswerte Strömung (ca. 2 bis 3 Knoten) des Flusses achten. Die private Steganlage ist mit den notwendigen Einrichtungen ausgestattet.

Versorgungsmöglichkeiten

In der nahe der privaten Steganlage befindlichen Altstadt kann man Lebensmittelvorräte ergänzen. Ansonsten scheint der Ort wenig attraktiv zu sein, man spürt ihm den verlorenen Glanz früher Tage deutlich an.

Touristik

Portimao gehört nicht zu den Orten, die man wegen seiner touristischen Sehenswürdigkeiten anläuft. Zwar war der Ort schon früh ein wichtiger Handelsstützpunkt von Phöniziern und Karthagern, so soll angeblich der Vater Hannibals den Hafen nach seinem Sohn Portus Hannibali genannt haben. Unter Historikern ist äußerst strittig, ob die Römer den Ort Portus Hannibali oder Portus Magnus genannt haben, was aus

Neue Marina Portimão

Stadtmarina Portimão

Fort bei Ferragudo

Azulejo

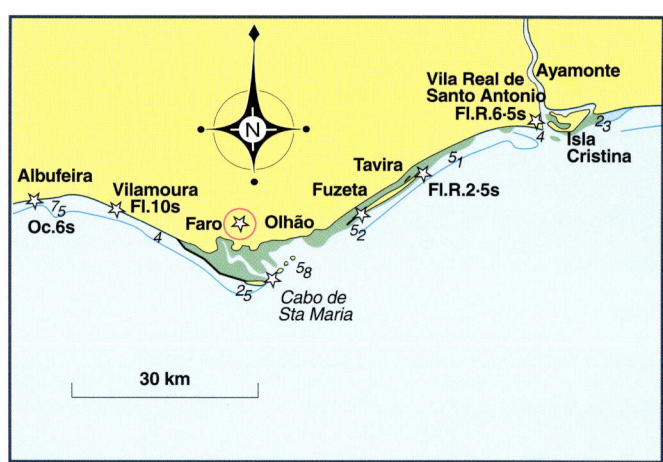

heutiger Sicht vielleicht auch nicht mehr gar so bedeutend ist. Seit der Maurenzeit ist der Ort immer gewesen, was er heute noch ist: ein Oberzentrum der Fischereiindustrie. Ganz nett sind die Fischlokale unmittelbar am Hafen. Wer es mag, kann auch durch die schmalen Gässchen des Ortes einen Einkaufsbummel machen. Aber Sehenswürdigkeiten wird er vergeblich suchen. Nicht zuletzt, weil auch Portimão durch das Erdbeben von 1755 schwerst getroffen wurde und nur die Pfarrkirche an der Rua do Bispo Coutinho mit Bauteilen aus dem 14. Jahrhundert erhalten geblieben ist. Möchte man aber ein völlig ursprüngliches und unverfälschtes portugiesisches Fischerdorf ansehen, empfiehlt sich hierfür Ferragudo, das sich nahe der Hafeneinfahrt auf der Steuerbordseite befindet, und einen netten Ankerplatz bereithält. Kleiner, beschaulicher und sehr ursprünglicher Ort.

Zwischen Portimão und dem rund 17 Meilen östlich gelegenen Sportboothafen von Vilamoura erstreckt sich eine rund 80 m hohe Kliffküste, die nur bei Albufeira und bei Armaçao de Pera von Strand unterbrochen wird.
Oberhalb der Strände sieht man dann auch deutlich die touristische Bebauung schon von Ferne weiß glänzend.

Vilamoura (37° 04'N 008° 07'W)

Der Ort zeichnet sich nicht gerade durch landschaftlichen Liebreiz aus, jedoch beherbergt er die wohl bekannteste Marina der Algarveküste.

Ansteuerung
Von Westen kommend, ist die Ansteuerung unverwechselbar. Der Hafen liegt unmittelbar westlich an die auffällig weißen kubischen Hotelbauten angrenzend. Von

Marina Vilamoura

Der neue Fischerhafen von Vilamoura

Osten her kommend, darf man sich nicht von dem neu gebauten Fischerhafen und seinen Molen ablenken lassen, der östlich der auffälligen Hotelanlagen zu finden ist. Dieser Hafen soll demnächst die Fischerboote beherbergen, die aus dem vorderen Hafenteil der eigentlichen Sportbootmarina verschwinden sollen.

Die Molen des Sportboothafens sind weit ins Meer hinausgebaut, jedoch ist die Einfahrt auffällig schmal geraten. Die Wassertiefe beträgt in der Einsteuerung rund 4 m. Bei starken auflandigen Winden, die gottlob selten vorkommen, kann die Einsteuerung aber gefährlich werden.

Solange die Fischer noch nicht in den Osthafen umgezogen sind, liegen sie noch in dem sich hinter der Einfahrt verbreiternden Teil des Außenhafens. Einlaufend auf der Backbordseite sieht man bereits einen Schwimmsteg, an dem man obligatorisch festmachen

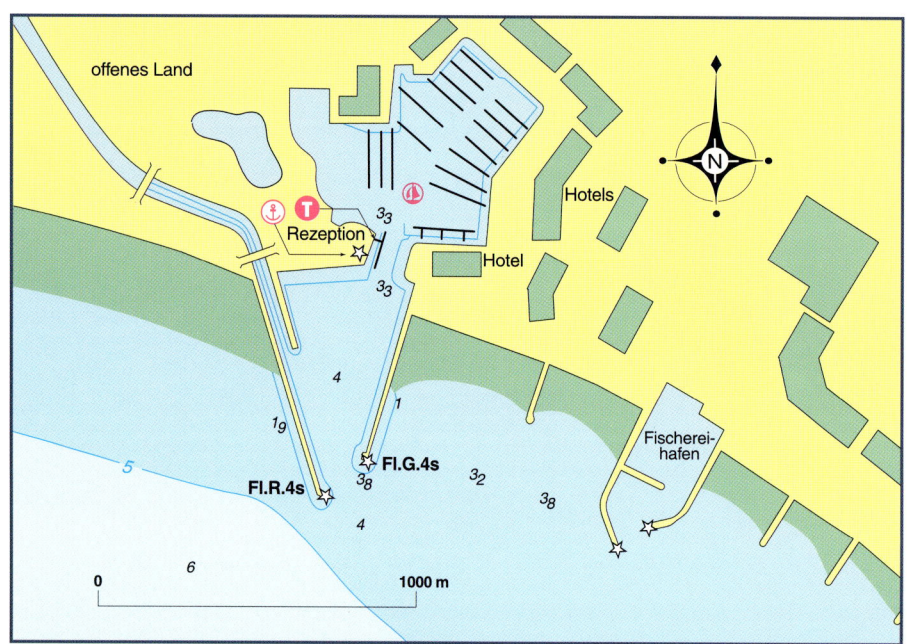

muß, um die lästigen Einklarierungsformalitäten zu erledigen. Hier befindet sich übrigens auch die Tankstelle.

Liegeplätze

Man läßt sich vom Marinapersonal bei den Einklarierungsformalitäten einen Liegeplatz zuweisen. Überall im Hafenbecken darf man mit mindestens 2 m, in der Regel aber auch 3 m Wassertiefe rechnen. Es ist ein idealer Platz, um das Boot auch für längere Zeit allein zu lassen.

Versorgungsmöglichkeiten

Die Versorgungsmöglichkeiten in der Marina und in ihrem direkten Einzugsbereich sind sehr gut. Re-

Einfahrt nach Vilamoura

Marina Vilamoura

staurants, Supermärkte, Boutiquen usw. halten ein großes Warensortiment bereit, so daß auch frisch eingetroffene Chartercrews sich ordentlich verproviantieren können.

Touristik
An touristischen Besonderheiten hat Vilamoura nichts zu bieten, es handelt sich um eine auf dem freien Feld angelegte künstliche Siedlung ohne einen alten Ortskern. Es ist eben eine sehr hübsche, praktische Tourismusanlage.

Faro und Olhão
(36° 58'N 007° 52'W [Einfahrt])

Bei Faro beginnt eine einzigartige Salzlagunenlandschaft, wie sie in Europa ihresgleichen sucht. Hat man von Vilamoura kommend den unendlich langen Sandstrand von Quarteira passiert, dessen einzig sichere Peilmarken aus einigen Wassertürmen bestehen, wird man in der Regel entfernt im Dunst den Leuchtturm von Cabo de Santa Maria ausmachen. Hinter ihm erstreckt sich ein von schmalen Kanälen durchzogenes Wattrevier, das durch seinen Reichtum an verschiedenen Vogelarten besticht.

Ansteuerung
Die einzig sichere Landmarke ist das Leuchtfeuer von Cabo Santa Maria direkt an der Einfahrt in die Lagunenlandschaft. Von Westen kommend, halte man gut Abstand zur Isla da Barreta, die sich von hier aus vor die Einfahrt zur Lagune als äußerst flache Sandbarre sehr weit ins Meer hinausreckt. Die Barre vergrößert sich von Jahr zu Jahr. Die Einsteuerung zwischen die beiden ins Meer hinausgebauten Steinmolenköpfe ist unter ruhigen Wetterbedingungen nicht schwierig. Man muß lediglich auf geschäftig ein- und auslaufende Fischerboote achten, die hier meist mit erheblicher Fahrt und damit entsprechendem Wellenschlag verkehren. Auch bei Niedrigwasser kann die Einfahrt problemlos befahren werden. Lediglich bei hohem, auflandigem Seegang und ablaufendem Wasser muß von der Ein-

Lagunenlandschaft

fahrt dringend abgeraten werden, da sich üble Grundseen vor ihr aufbauen können. Es kann darüber hinaus nicht schaden, sich über den Tidenstand klar zu sein, da die Strömungen in den Kanälen der Lagune außerhalb der Stillwasserzeiten ganz erheblich sein können (bis zu 5 Knoten, in der Regel werden es aber nicht mehr als 2 bis 3 Knoten sein). Dabei achte man darauf, sich an der Ostseite der Einfahrt zu halten, zur Westseite hin wird es rasch ganz flach, selbst wenn die hinter den Molenköpfen sich ausweitende Wasserfläche vielleicht auch eine ordentliche Wassertiefe suggeriert. Die Einfahrt ist betonnt, und der Tonnenstrich sollte nicht verlassen werden. Die Wassertie-

Einfahrt in die Lagune von Faro und Olhão

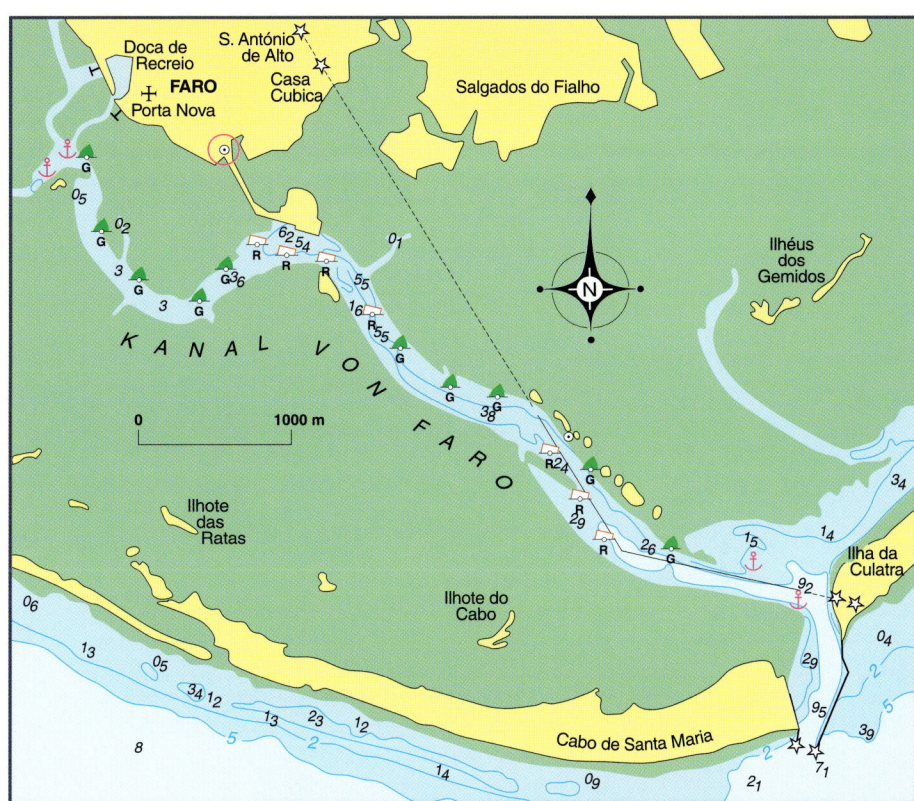

fen zwischen 10 und 20 m dürften in der Einfahrt auch großen Schiffen genügend Tiefe bieten.

Hat man die Einfahrt passiert und ist ungefähr auf Höhe der kleinen Häuseransammlung auf der Ilha da Culatra unterhalb des Leuchtfeuers, gibt es zwei Möglichkeiten einen Liegeplatz aufzusuchen. Man kann entweder backbord den betonnten Kanal de Faro wählen, der bis zu einer Liegestelle für Großschiffe unterhalb des Ortes Faro führt. Bis zu der Industriepier, die man schon von weitem an ihren Verladeeinrichtungen erkennen kann, hat der Kanal eine Wassertiefe von rund 6 bis 7 m. Unmittelbar westlich der Pier kann man auf 3 bis 4 m Wasser und gut haltendem Schlickgrund ordentlich ankern, wenn auch leider dicht an der lautstarken Einflugschneise des internationalen Flughafens von Faro. Flachgehende Boote können den Kanal von hier aus auch noch weiter befahren – es wird landschaftlich noch einmal recht hübsch, aber in Höhe der Tonne Nr. 13, beginnt die Rinne schlagartig extrem flach zu werden, bei Springhochwasser nicht tiefer als 3 m. Bei Niedrigwasser dürfte diese Stelle unter Umständen schon trockenfallen. Wenige Meter hinter Tonne Nr. 13, bei Tonne Nr. 15 auf der Backbordseite, öffnet sich der Kanal noch einmal zu einer netten Ankermöglichkeit, die aber endgültig und vollständig dem Fluglärm des internationalen Flughafens von Faro ausgesetzt ist.

Der Leuchtturm auf der Isla Culatra an der Einfahrt zur Lagune

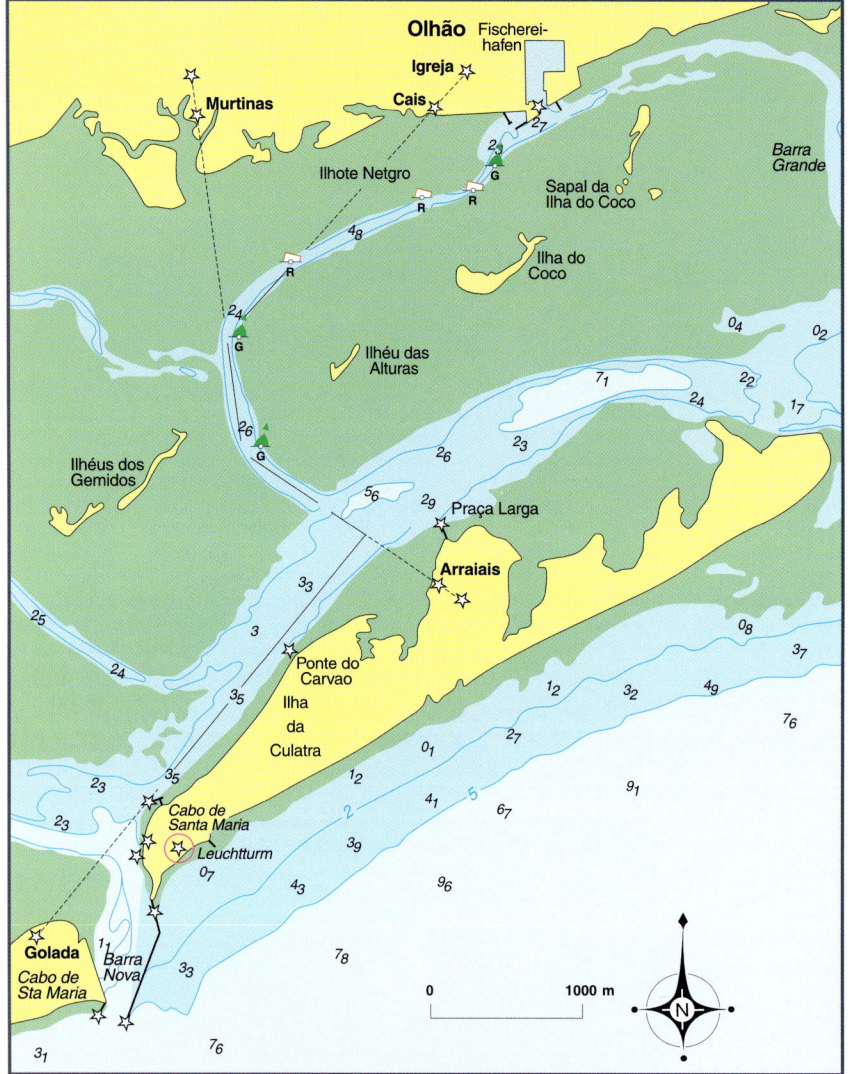

Strömung nicht ganz so stark wie die Strömung im Kanal von Faro, aber sie ist mit bis zu ebenfalls 5 Knoten unter Umständen immer noch sehr stark.

Es empfiehlt sich, gerade diesen Kanal bei Niedrigwasser anzusteuern, bei Hochwasser muß man sehr genau auf die ausliegenden Tonnen achten und da diese relativ weit auseinanderliegen, kann es Schwierigkeiten geben, weil der Rand des Kanals ganz scharf begrenzt ist gegenüber den trockenfallenden Wattflächen, das bedeutet, daß das Echolot unter Umständen zu spät vor einer Untiefe warnt .

Liegeplätze

Unmittelbar vor der Ortschaft, hinter dem Fähranleger, befindet sich eine kleine neu errichtete Marina mit nur wenigen Liegeplätzen. Nur Booten bis vielleicht 10 m Länge kann diese Marina wirklich angeraten werden. In dem eine halbe Meile weiter östlich liegenden ehemaligen Handels-/Fischerhafen finden Yachten keine annehmbaren Liegemöglichkeiten.

Touristik

Bei Faro und Olhão beginnt die Ria Formosa. Hier hat sich die Natur etwas ganz Besonderes einfallen lassen. Eine Kette schmaler Sandinseln schirmt den dahinter liegenden breiten Lagunenteil vom Atlantik ab. Mitten in der Lagune liegen die Häfen Faro und Olhão. Viele, auch für Kielboote befahrbare Kanäle durchziehen die Lagune, und ein Dutzend kleinerer Inseln liegt eingesprenkelt in die rund 30 Seemeilen lange Lagunenlandschaft zwischen Faro im Westen und Tavira im Osten. Vergleichbar ist die Lagunenlandschaft dem uns bekannten ostfriesischen Watt. Bei Niedrigwasser fällt der größte Teil trocken, man findet dann zumeist harten Schlick, der mit Algen und Wasserpflanzen überwuchert ist. Kleine Sandinseln, manchmal flach mit Gräsern bewachsen,

Von der kleinen Ortschaft unterhalb des Leuchtfeuers auf der Ilha da Culatra kann man auch steuerbord, dem betonnten Fahrwasser folgend, nach Olhão hinauflaufen oder den sehr beliebten Ankerplatz von Praca Larga im Schutze der Ilha da Culatra aufsuchen. Der Ankerplatz liegt ca. 2 Meilen nordöstlich der kleinen Ortschaft am Leuchtfeuer, dort wo der Kanal nach Olhão scharf backbord abbiegt.

Der Kanal, der zu der Ortschaft Olhão führt, ist äußerst schmal und mit 2,5 bis 3 m tief genug. In ihm setzt die

Ankerplatz Praça Larga

Unpassierbare Barre von See aus gesehen

Lagunenlandschaft bei Faro

Im Vordergrund Isla Culatra

Praça Larga

Ankerlieger in Praça Larga

sind häufig. Neben dem Lagunenfischfang wird die Muschelzucht groß geschrieben. Sie ist ein ganz wichtiger Erwerbszweig. Bei Hochwasser ist die gesamte Landschaft weitflächig mit Wasser bedeckt, aber nur so flach, daß ein Kielboot auch dann nur in den tiefen Rinnen fahren kann. Der Naturpark Ria Formosa hat eine Gesamtgröße von 18.000 Hektar. Das nährstoffreiche Watt- und Marschland soll nicht nur seines einzigartigen Landschaftscharakters wegen erhalten werden, sondern insbesondere auch als Winterquartier für rund 200 Arten von Zugvögeln. Es sind verschiedene Entenarten, Flamingos, aber auch Seeschwalben und Strandläufer, die hier entweder ihr Winterquartier beziehen oder auf der Durchreise in noch weiter südlich gelegene Gefilde Rast machen. Daneben sollen aber auch klassische Erwerbszweige, wie die Salzgewinnung und die Muschelzucht sowie der Fischfang mit Kleinbooten, geschützt werden. Immerhin stammen 80 % des portugiesischen Muschelexports aus den Zuchtanstalten der Lagunen. Rund 3 Kilometer östlich von Olhão bei Quinta Marim gibt es ein Besucherzentrum, wo man einen Einblick in das einzigartige Ökosystem der Lagunenlandschaft modellhaft erleben kann und wo einem die verschiedensten klassischen Nutzungsarten noch einmal plastisch vor Augen ge-

führt werden. Bedroht ist das ökologische Gleichgewicht dieser Landschaft zum einen durch illegale Bautätigkeiten auf den vorgelagerten Badeinseln, aber nicht zuletzt auch durch Eutrophierung, hervorgerufen durch das Einleiten ungeklärter Abwässer. Olhão ist im Übrigen kein touristisch ansprechender Ort.
Er ist eindeutig das Fischereizentrum der Ostalgarve. Der Charme des Ortes ist wohl begrenzt, empfehlens-

Olhão

Rettungsbootstation auf Isla Culatra

Urwüchsiges Hinterland

Leuchtturm auf Isla Culatra

wert ist es aber für denjenigen, der Muscheln mag, die Ernte in den Markthallen zu besichtigen und in einigen der recht guten Lokale zu kosten. Hierzu bedarf es keiner weiten Fußmärsche, ein Bummel entlang der überschaubaren Wasserfront reicht vollkommen.

Die schönste Kombination aus ruhigem, landschaftsangepaßtem Ankern bei gleichzeitig größtmöglicher Sicherheit für Boot und Mannschaft bietet der Ankerplatz vor Praça Larga. Zwei Dinge sind allerdings zu beachten – zum einen wechselt die Strömungsrichtung bei Praca Larga alle sechs Stunden, sie erreicht aber mit vielleicht 2 Knoten bei weitem nicht die Stärke, die der Strom in den schmaleren Kanälen erreichen kann. Man ankert je nach Tiefgang mehr oder weniger entfernt von der kleinen herausragenden Mole. Da die Lagunen von

daß die vielen kleineren Arme, die der Seekarte noch zu entnehmen sind, heute in der Regel gar nicht mehr existieren. Das Befahren der Lagunengewässer zwischen Olhão und Tavira ist mittlerweile auch nicht mehr möglich. Eine Nachtansteuerung der Kanäle in der Lagune empfiehlt sich für den Ortsunkundigen nicht, auch wenn die Einfahrt gut befeuert ist und die Kanäle mit Leuchttonnen gekennzeichnet sind – es gibt keine Garantie dafür, daß sie auch wirklich leuchten!

Man folgt von Cabo de Santa Maria in nordöstlicher Richtung den flachen Sandinseln, die die Salzlagunenlandschaft vom Meer abschirmen. Von See betrachtet, sieht es so aus, als handele es sich um einen einzigen langen Sandstrand, obgleich er an manchen Stellen von flachen Wasserarmen durchbrochen wird. Die Küste ist niedrig, und es fehlt eindeutig an klaren Landmarken. Nach ca. 14 Meilen, gerechnet von der Einfahrt von Santa Maria, erreicht man die Einfahrt nach

alters her intensiv fischereiwirtschaftlich genutzt werden, muß man allerdings damit rechnen, daß sich das Grundgeschirr in alten Tauen oder Fischernetzen, die den Grund der Lagune verunzieren, verfängt. Es ist daher gerade hier besonders angeraten, eine Tripleine zu benutzen. Ansonsten ist der Liegeplatz relativ gut geschützt. Auch bei stärkeren westlichen Winden baut sich in der Lagune nur ein ganz geringer Seegang auf. Die Wassertiefen in der Wattlandschaft lassen einfach keine höhere Welle zu. Will man den Ankerplatz wieder verlassen und Richtung Osten weitersegeln, wirkt es äußerst verlockend, die Ilha da Culatra östlich zu runden – es gibt hier einen Durchbruch zum offenen Meer. Von seiner Benutzung kann aber nur dringendst gewarnt werden, diese Passage ist für ein Kielboot nicht befahrbar. Darüber hinaus ist festzustellen, daß sich die vorgelagerten Sandinseln Jahr um Jahr vergrößern, so

Tavira (37° 07'N 007° 38'W)

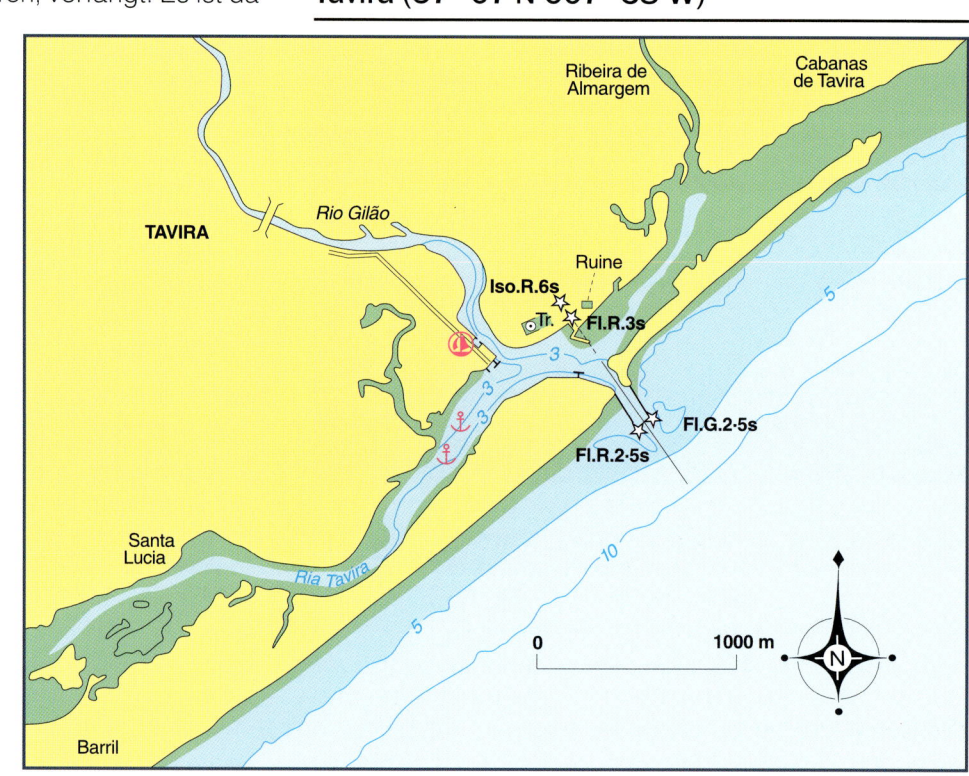

Einfahrt nach Tavira

Tavira – Ankerplatz

Obgleich Tavira als einzigartig malerisches Städtchen das Anlaufen auf jeden Fall lohnt, gestaltet es sich ein wenig heikel. Markante Ansteuerungsmarken gibt es nicht, die im Hintergrund weiß leuchtenden Häuser des Ortes als Grobanhalt und die ins Meer hinausgebauten grauen Steinmolen, die die Einfahrt markieren, sind die Orientierungsmarken. Hat man nicht sorgfältig mitgekoppelt, besteht leicht das Risiko, Tavira mit dem 7 Meilen südwestlich gelegenen Fuzeta zu verwechseln, das aber über eine flache Barre nicht ansteuerbar ist. Es ist erstaunlich, daß in unmittelbarer Küstensicht ein GPS-Gerät so gute Dienste leisten kann. Westlich der Einfahrt erstreckt sich flacher Sandstrand auf einer vorgelagerten Badeinsel. Das Einlaufen will gut geplant sein. Daß es sich bei schlechten Wetterbedingungen und damit verbundenem hohem Seegang verbietet, sei nur der Vollständigkeit halber erwähnt.

Auf der Barre in der Einfahrt steht bei Niedrigwasser etwa 1,5 m Wasser. Die beste Zeit für das Ein- oder Auslaufen ist daher etwa eine Stunde vor Hochwasser. Man halte sich einlaufend eher an der West- denn an der Ostmole, wo es recht flach wird. Hat man die Einfahrt passiert, knickt das Fahrwasser scharf nach backbord ab.

Den Ankerplatz findet man unmittelbar vor der Häuseransammlung ca. eine halbe Meile östlich im Kanal de Tavira. Der Ankerplatz selbst ist recht gut geschützt und hat bei Niedrigwasser zwischen 1,5 und 2 m Wassertiefe.

An der Mündung des Rio Gilao hat der örtliche Club Nautico ein kleines Hafenbecken eingerichtet, das in der Regel aber bis zum letzten Platz belegt ist. Für ein durchreisendes Boot empfiehlt sich daher der beschriebene Ankerplatz.

Yachthafen Tavira

Yachthafen Tavira – Einfahrt

Versorgungsmöglichkeiten

Es gibt in der Häuseransammlung nahe des Ankerplatzes ein Restaurant, aber sonst keine Versorgungsmöglichkeiten. Tavira hat hier natürlich alles zu bieten, liegt aber relativ weit entfernt. Mit einem schnellen Beiboot ist es kein Problem, die eine Meile nach Tavira hinaufzulaufen. Für die meisten Fahrtenyachten wird dies aber nicht in Frage kommen.

Touristik

Tavira ist für den Yachtie nicht leicht zu erreichen, aber es lohnt den Besuch auf jeden Fall. Man glaubt kaum, daß sich angesichts so vieler Betonsünden südlicher Ferienorte eine derart malerische und ursprünglich wirkende Stadt fast unverändert über die Jahrhunderte erhalten hat. Es grenzt an ein Wunder, daß die Tourismusindustrie das kleine Städtchen noch nicht entdeckt oder gar umgekrempelt hat. Zugegeben gibt es auch in

Salinen

Geflieste Hausfassade in Tavira

Strassenfest in Tavira

Tavira einige moderne Stadtteile und ein ausgezeichnetes Einkaufszentrum flußabwärts, aber die Neubauten hier haben an der Ursprünglichkeit des Städtchens nichts geändert. Der kleine Ort zieht sich verträumt links und rechts des Rio Gilao hin und macht den Eindruck, als läge er in einer Art Dornröschenschlaf. Weiße Fassaden, rote Ziegeldächer, südliche Balkone, all das spiegelt sich im Wasser des flachen Flusses, auf dem ein paar bunte Schiffchen dümpeln. Muschelsammler durchgraben das Flußbett an seinen sehr seichten Stellen. Die Türme und Türmchen von mehr als 30 Kirchen und die hoch über dem Ort thronende Festung geben dem Städtchen, zusammen mit den palmengesäumten Parkanlagen am Fluß, ein einmaliges Ambiente. Die Stadt scheint immer noch ihrer großen Zeit nachzutrauern. Im Mittelalter war Tavira das Zentrum der Ostalgarve. Dazu hatten es die Mauren gemacht, denn für sie war der Ort zeitweise der wichtigste Algarvehafen überhaupt. Nach der Reconquista starteten von hier aus im Jahre 1415 die Portugiesen, um ihre erste Überseeprovinz – das war Ceuta – zu erobern. Danach war Tavira immer noch einer der wichtigsten Verbindungshäfen Portugals zu seinem im Aufbau befindlichen kolonialen Weltreich. Drei Ereignisse stürzten den Ort aber in eine dunkle Melancholie. Es war zum einen die verheerende Pestepedemie von 1645 und zum anderen das furchtbare Erdbeben von 1755. Von diesen Ereignissen erholte sich die Stadt bis heute nicht, und in der Folge kam noch die allmähliche Versandung des Hafens hinzu. Es bedarf schon einiger Phantasie sich vorzustellen, daß dort, wo heute das Flußufer der Stadt liegt, noch vor 400 Jahren Seeschiffe angelegt haben sollen. Auf jeden Fall sollte man für einen Stadtbummel Zeit mitbringen. Wenn man aus dem Ortsteil auf dem linken Flußufer des Rio Gilao kommt, hatte man dort

Gelegenheit, interessante Fassadendetails der zumeist mehrere Meter hoch gefliesten Hauswände anzusehen. Man schlendert dann über die alte siebenbogige Brücke aus römischer Zeit auf das andere Flußufer. Wenn man von hier aus leicht rechter Hand ansteigend zur Festung und der Kirche Santa Maria do Castelo hinaufsteigt, hat man einen wunderschönen Panoramablick über den Ort bis hin zum Meer. Man sollte auch auf keinen Fall versäumen, den neben der Kirche gelegenen kleinen Park näher zu betrachten, zumeist wird man über die hier herrschende Blütenpracht angenehm erstaunt sein. Vielleicht kann man dann durch die Gassen der Stadt hinunterschlendern zum Rio Gilao und dann entlang seines Ufers flußab zum Markt und dem kleinen Stadtpark gehen. Unter Palmen kann man hier einen Kaffee trinken und an dem Dornröschenschlaf des Ortes teilhaben.

Santa maria do Castelo

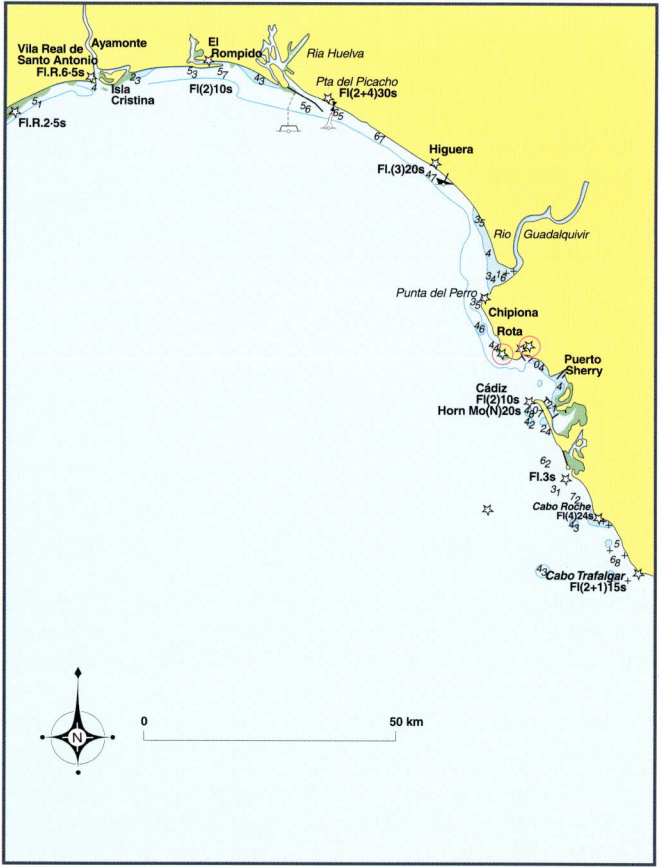

IV. Rio Guadiana
bis Strasse von Gibraltar

Rio Guadiana, Santo Antonio und Ayamonte
(37° 10'N 007° 24'W)

Rund 10 Meilen östlich von Tavira liegt die Einfahrt zum Rio Guadiana. Er bildet die Grenze zwischen Spanien und Portugal und gehört mit zu den wasserreichsten Flüssen der Iberischen Halbinsel.

Ansteuerung

Zwei Leitdämme führen die Flußmündung weit hinaus ins Meer, aber die Untiefen reichen deutlich weiter als die Leitdämme. Bei der Ansteuerung des Rio Guadiana muß man unbedingt auf die Ansteuerungstonnen achten, „Kantenschrammen" wird hier gnadenlos mit Auflaufen quittiert. Und das kann gerade vor der Mündung des Guadiana schnell sehr unangenehm werden. Wenig lehrbuchgerecht aber praxisnah kann man „Fischerbootnavigation" betreiben und feststellen, daß die

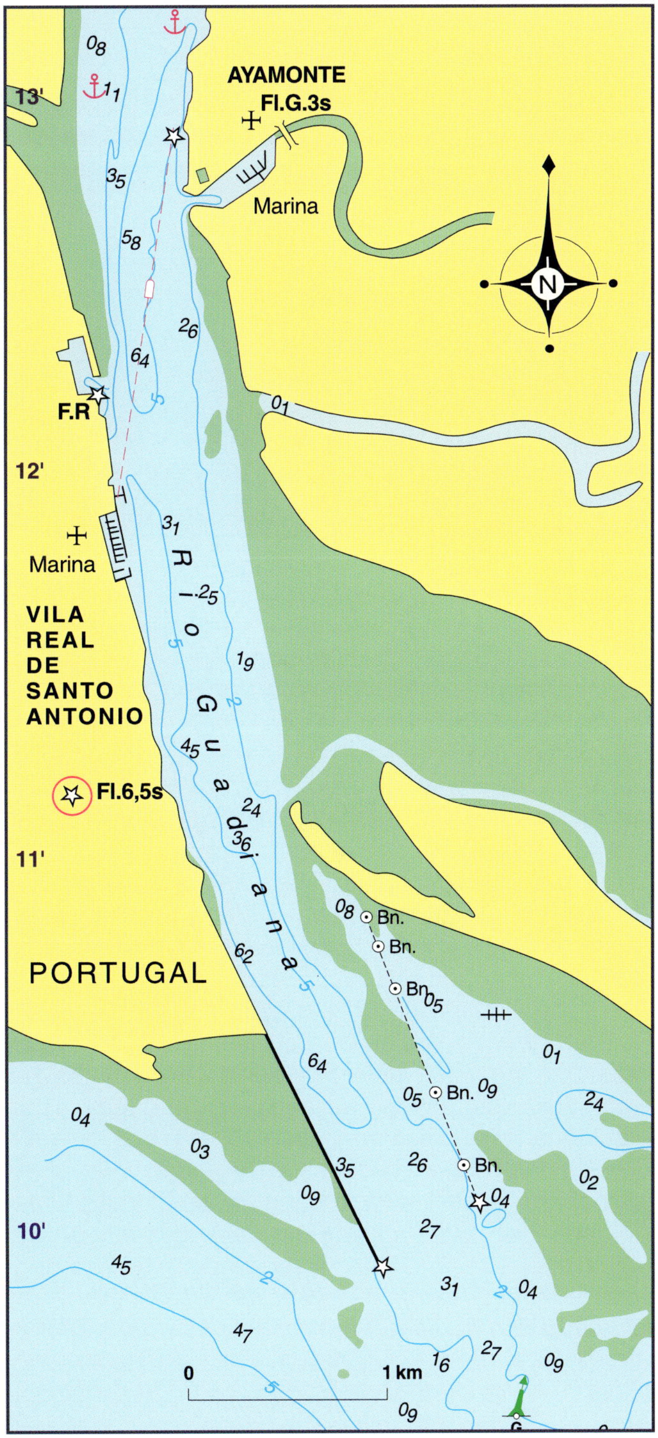

Mündung des Rio Guadiana

Einsteuerung des Rio Guadiana

Vila Real de San Antonio

örtlichen Fischer auf den Bänken vor dem Fluß fischen – dort wo sich Fischer befinden ist also keineswegs das Fahrwasser, sondern ganz im Gegenteil, dort ist mit Untiefen zu rechnen. Von Westen kommend, ist übrigens angesichts der recht flachen und konturenarmen Küste die Hochhausansiedlung von Monte Gordo mit ihren weißen, kubischen Häusern die praxisgerechte Ansteuerungshilfe. Die den Seekarten zu entnehmenden Wassertürme sind erst wesentlich später als die Bebauung klar auszumachen. Hat man die Ansteuerungstonnen erst einmal gefunden, geht es allerdings in der Regel problemlos weiter. Man halte sich im Fahrwasser mittig mit einer Tendenz zur Westseite hin. Der östlichen Steinmole sind flache Stellen auch noch deutlich ins Flußbett hinein vorgelagert. Bei Niedrigwasser hat die Flußmündung eine Wassertiefe von rund 2,5 m. Nur bei kräftigem Ebbstrom und auflandigem Wind kann es zu brechenden Seen kommen, unter Umständen kann die Einfahrt dann unpassierbar sein. Derartige Wetterlagen sind aber hier sehr selten. Hat man die Einfahrt hinter sich gelassen, sieht man an der Backbord- wie an der Steuerbordseite an Land, insbesondere bei Niedrigwasser, viele Gerippe abgewrackter oder schlicht vergessener Boote – es wirkt pittoresk und skurril zugleich. Ca. 2 Meilen flußaufwärts auf der Backbordseite befindet sich die neu errichtete Marina von Vila Real de San Antonio auf der portugiesischen Seite und ihr schräg

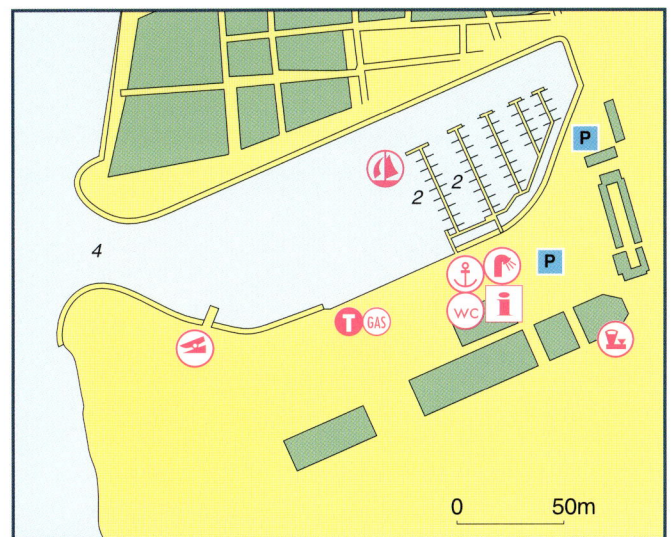

Marina Ayamonte

Autobahnbrücke oberhalb Ayamonte

gegenüber, auf der spanischen Seite, die Marina von Ayamonte. Man kann auch im Flußbett des träge fließenden Rio Guadiana ankern, vorzugsweise tut man dies ziemlich genau mitten im Fluß, d. h. auf der Grenze zwischen Spanien und Portugal. Man hat fast den Eindruck, daß einige dieses „Niemandsland" schon vor Jahren für sich entdeckt haben, da einige Yachten wohl auch für längere Zeit hier ihren Liegeplatz gefunden haben. Der optimale Ankerplatz liegt allerdings noch oberhalb von Ayamonte, aber unterhalb der weithin sichtbaren Autobahnbrücke, die eine geschätzte Durchfahrtshöhe von 16 m hat. Leider fehlen an der Brücke Peilmarken, die über die tatsächliche Höhe Auskunft geben könnten. Vor der Passage mit einem ungeeigneten Boot muß also dringend gewarnt werden, denn bekanntlich ist das Schätzen von Durchfahrtshöhen bei einer Brücke ja so eine Sache.

Liegeplätze

Vila Real de San Antonio besitzt eine neue Marina unmittelbar an der Uferpromenade. Man darf hier überall mit 2 m Wassertiefe rechnen. Der Fischerhafen (Doca de Pesca), ca. eine halbe Meile weiter flußaufwärts, ist für Yachten nicht geeignet. Gleich in der Nähe der Liegeplätze locken einige empfehlenswerte Fischrestaurants. Vila Real macht einen eher ruhigen, beschaulichen Eindruck. Auf der anderen Flußseite wirbt hingegen Ayamonte, hübsch auf einem Hügel gelegen, mit charmant südländischer Lebendigkeit. Unmittelbar südlich des Ortes am Fuße des Hügels ist eine brandneue Marina mit viel freiem Liegeraum (Wassertiefe 2,5 m) entstanden. Es ist also eine Frage des persönlichen Geschmacks, welcher Seite des Flusses man den Vorzug gibt. Vielleicht erleichtert es die Entscheidung, wenn ich hinzufüge, daß beide Orte mit einer im Pendelverkehr fahrenden kleinen Fähre – vor dem Bau der Autobahnbrücke die einzige „Landverbindung" zwischen den Orten – zu einem staatlich subventioniertem günstigen Preis verkehrt.

Versorgungsmöglichkeiten

Beide Marinas bieten den üblichen Komfort und Tankstellen. In Ayamonte ist die Versorgung mit Lebensmitteln leichter und die Auswahl scheint mir besser zu sein als am gegenüberliegenden Flußufer. Dort jedoch sind

Marktplatz von Vila Real de San Antonio

Gedenkstein auf dem Marktplatz

die Fischrestaurants wohl zu bevorzugen. Eine vorsichtige und mit allem Vorbehalt zu versehende Empfehlung könnte also lauten – Liegeplatz in Ayamonte wählen und abends zum Essen nach Vila Real übersetzen.

Touristik

Schon bei der ersten Annäherung an die Stadt Vila Real fällt auf, daß an ihr etwas Besonderes sein muß. Die schachbrettförmige Anlage, die sehr ähnlich wirkenden kleinen Häuser, alle flach gebaut, deuten auf eine zentral geplante Anlage hin. Genauso ist es auch. Der schon bei Lissabon erwähnte Marques de Pombal als portugiesischer Bauminister ließ den Ort im Jahr 1774 binnen fünf Monaten komplett neu errichten. Nach den Erfahrungen des Aufbaus der Lissaboner Baixa, nach dem verheerenden Erdbeben von 1755, konnte er nunmehr auch aus politischen Gründen aus dem Vollen schöpfen. Portugal wollte dem auf der anderen Flußseite liegenden potentiellen Gegner Spanien zeigen, zu welchen Leistungen es fähig war. Das zuvor an der Stelle existierende Fischerörtchen Santo Antonio de Arenilha war deutlich zuvor bereits von den Fluten des wütenden Rio Guadiana zerstört worden. Es scheint aber so, daß das dynamische städtebauliche Entwicklungsprojekt nicht besonders zukunftsweisend war. Heute präsentiert sich der Ort noch genauso verträumt

und zurückgezogen wie er wahrscheinlich schon vor 200 Jahren aus dem Boden gestampft wurde. In der Mitte des Schachbretts ist, wie könnte es anders sein, der große Platz, der Marques de Pombal gewidmet ist. Der Platz ist für den Ort eigentlich deutlich zu groß geraten. Nur zur Zeit der Fiestas, etwa im Juni, wird er für die feiernden Mengen ein wenig eng. Dabei ist er mit seinen fruchttragenden Orangenbäumen eine wirkliche Augenweide. Im übrigen lebt der Ort deutlich von den spanischen Touristen, die als Tagesausflügler herüberkommen und in Vila Real vermeintlich oder wirklich günstige Einkäufe tätigen. So verkehrt die Fähre über den Rio Guadiana nach Ayamonte auch in halbstündlichem Abstand, im Sommer zumeist bis etwa 23 Uhr. Es lohnt, von hier aus einen Abstecher in das wenige Kilometer nördlich gelegene Castro Marim zu machen, am besten mit dem Bus vom Busbahnhof nördlich des Fähranlegers. Es ist weniger das Dörfchen Castro Marim, als die wuchtige Festungsanlage oberhalb auf

Markthalle

Ayamonte

Marina Ayamonte

Kapelle bei Ayamonte

Azulejo

dem Burghügel, die den Betrachter reizt. Schon die Römer hatten auf dem Hügel über dem Rio Guadiana eine Befestigungsanlage errichtet. In den 500 Jahren Maurenherrschaft, aber auch danach, hatte die Burganlage große strategische Bedeutung als Grenzfeste zu Spanien und als Schutz des Handels über den Rio Guadiana und die alte Römerstrasse, die an Castro Marim vorbeiführt. Schaut man von den Zinnen der Burg herab, erkennt man ihre alles beherrschende Lage. Nach Osten schweift der Blick bis weit

Castro Marim

Castro Marim

Salzflora bei Ayamonte

Fähre über den Guadiana

nach Spanien hinein, nach Süden bis zum Meer, und nach Westen verliert sich der Blick irgendwo in der Sierra de Monchique. Nachdem Alfonso III. im 13. Jahrhundert neue Befestigungswälle um die alte maurische Anlage ziehen ließ, wurde ab 1319 Castro Marim Hauptsitz des Christus-Ritterordens – des Nachfolgeordens der Tempelritter auf der Iberischen Halbinsel. Zu jener Zeit war Castro Marim damit das Zentrum der militärischen Machtausübung in Portugal, bis der Sitz des Ordens 1356 nach Tomar verlegt wurde. Heinrich der Seefahrer war Großmeister des Ordens und hat demzufolge zeitweise auch in Castro Marim residiert. Zu jener Zeit sollen Schiffe vom Rio Guadiana bis direkt an den Burghügel herangefahren sein. Schaut man heute von der Burg Richtung Rio Guadiana, erahnt man noch die heute verlandete Senke, die sich vom Fluß Richtung Burghügel windet. Dort unten in den Flußmarschen befindet sich heute ein Vogelschutzgebiet, das für seine Flamingos bekannt ist.

Ayamonte bildet einen deutlichen Gegensatz zum gegenüberliegenden Flußufer. Die Stadt, weithin sichtbar an einen Hügel geschmiegt, mit ihren weißgetünchten Häusern, den engen Gassen und hübsch angeordneten Plätzen sprüht vor südländischer Lebensfreude. Gegründet wurde der Hafen an dem auffälligen Hügel schon zu phönizischer Zeit, wo er nicht nur dem Fischfang diente, sondern schon damals die am Oberlauf des Rio Guadiana gewonnenen Bergbauprodukte – Blei-Erz, Zink-Erz und Kupfer-Erz – zur weiteren Verarbeitung verschifft wurden. Neben hübsch anzusehenden Häusern besitzt der Ort einige Kirchen, darunter die Kirche Nuestra Senora de las Angustias mit einer besonders hübsch gestalteten Fassade. Ansonsten gibt es nichts Besonderes zu sehen. Es macht einfach Spaß, den Fischern beim Flicken ihrer Netze unmittelbar am Rio Guadiana zuzusehen und durch die Ortschaft zu schlendern, sich vom südländischen Charme gefangennehmen zu lassen.

Östlich von Ayamonte weitet sich die Landschaft wieder zu Salzsümpfen, flachen Sandbänken und stillen kleinen Kanälen, die allerlei Vogelarten geradezu paradiesische Lebensumstände bieten. Leider ist die Möglichkeit abgeschnitten, von Ayamonte direkt nach Isla Cristina quasi binnenwärts zu laufen. Die kleinen, die Kanäle überspannenden Brücken haben eine Durchfahrtshöhe von nicht mehr als vielleicht 1,5 m. Es bleibt also nichts anderes übrig, als den Rio Guadiana wieder weit aufs Meer hinauszulaufen und dann quasi im Bogen die Ansteuerung von Isla Cristina in Angriff zu nehmen.

Isla Cristina (27° 12'N 007° 20'W)

Ansteuerung

Die markanten weißen Hochhausbauten auf der Isla Canela sowie die deutlich ins Meer hinausgebauten Steinschüttungen, die den Ria de la Higuerita begrenzen, sind deutliche Ansteuerungsmarken. Da es sich bei Isla Cristina um einen sehr lebhaften Fischereihafen

Einfahrt nach Isla Cristina

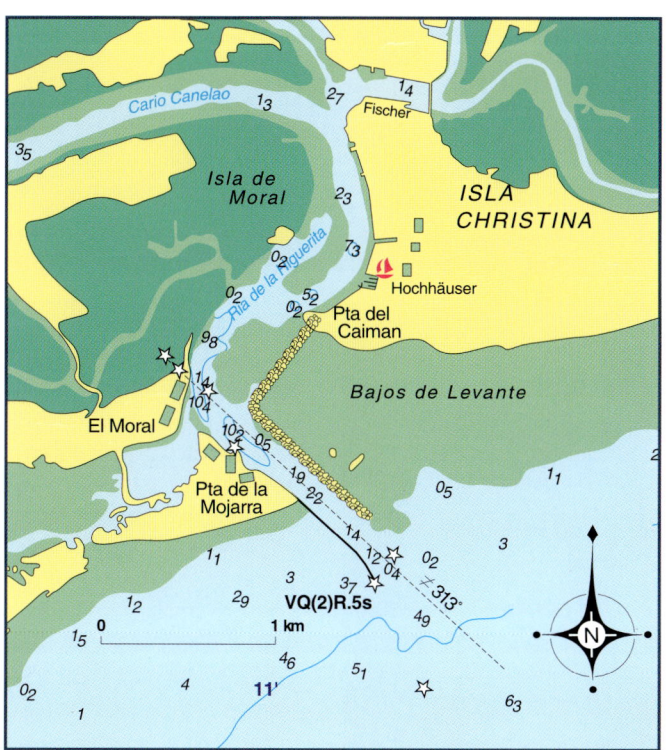

handelt, kann man die Einfahrt auch gut an den ständig ein- und auslaufenden Fischerbooten ausmachen. Sie scheinen keine bevorzugte Tageszeit zu haben, sondern ständig geschäftig hin und her zu fahren. Daß sie dabei nennenswerte Geschwindigkeiten erreichen und entsprechenden Wellenschlag produzieren, sei nur am Rande erwähnt. Bei der Einsteuerung halte man sich nahe an der Westmole, die Ostmole ist zum Teil vom Wasser überspült und ihr liegen flache Bänke vorgelagert. Die Einfahrtstiefe auf der Barre beträgt bei Niedrigwasser etwa 3 m, das Fahrwasser wird dahinter deutlich tiefer. Man halte sich auf jeden Fall an die ausliegenden Tonnen und lasse sich nicht dazu verleiten, die Flußschleifen abzukürzen – bei Ebbe fallen große Teile des Flußbettes trocken. Eine gute Meile flußaufwärts liegt auf der Steuerbordseite die neu erbaute Marina noch hinter einem auffälligen Kontrollturm, an dem der Fluß die Uferseite mit seinem Fahrwasser wechselt.

Liegeplätze

Die Marina bietet den üblichen Komfort nebst Tankstelle und macht einen gepflegten Eindruck. Die Umgebung ist geprägt von mehrstöckigen Wohnbauten

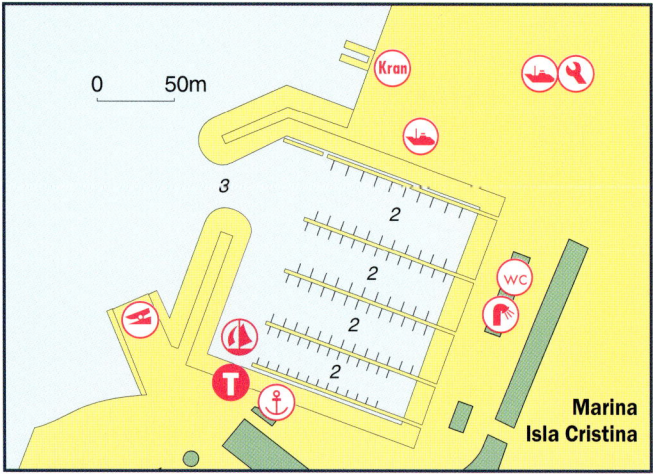

Marina Isla Cristina

Marina Isla Cristina

Isla Cristina

Auffälliger Turm an der Punta del Caiman

Kirche im Zentrum

und ohne nennenswerten Reiz – die Anlage jedoch ist perfekt.

Versorgungsmöglichkeiten

Der kleine Ort bietet in erreichbarer Nähe einige kleinere Läden und einen gut sortierten Supermarkt etwa 10 Minuten zu Fuß entfernt. Darüber hinaus lebt der Ort vom Fischfang, was häufig ins Auge fällt. Es gibt hier eine große Fischverarbeitungsfabrik, so daß Thunfisch in Dosen – auch größeren Kalibers – sehr günstig erstanden werden kann. Außerdem gibt es in einigen Läden getrockneten Thunfisch als sogenannten Thunfischschinken, eine Spezialität, die mir sonst noch nirgends begegnet ist. Es lohnt sich, ihn zu versuchen.

Fünfzehn Seemeilen weiter östlich liegt die Einsteuerung zu

El Rompido (37° 11'N 007° 02'W)

Ansteuerung
Hat man die Mündung des Rio Guadiana in östlicher Richtung verlassen, kommt als sinnvolle Landmarke der Torre Catalan in Betracht, ein alter Wachturm. Zusammen mit dem schlanken, auffälligen Leuchtturm von El Rompido ist er für Kreuzpeilungen hervorragend geeignet. Die Küstenlinie ist flachsandig ohne Kontur und man sollte sich ihr nicht dichter als bis zur 10-m-Li-

Rio de las Piédras

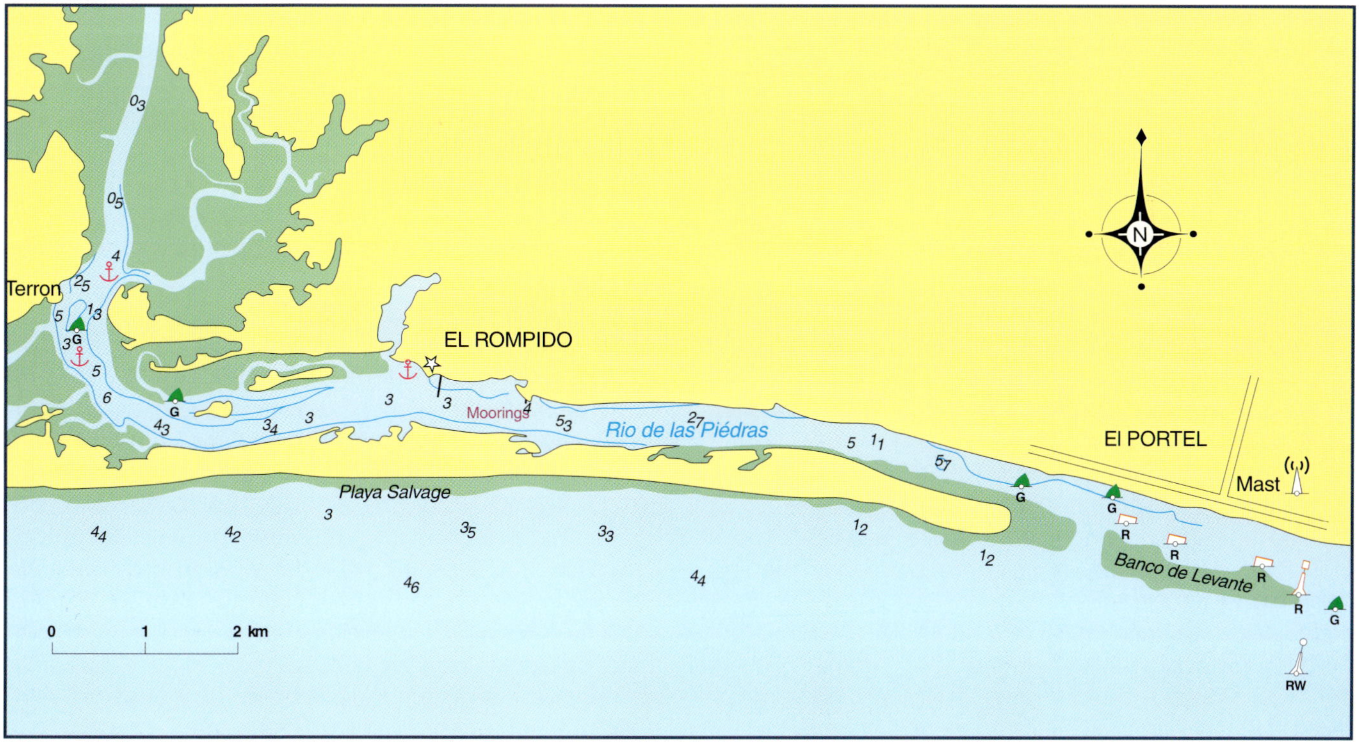

Ankerlieger ...

... vor El Rompido

Die Fahrrinne führt direkt am Strand vorbei

nie nähern. Die Einsteuerung in den Rio de las Piedras, in dessen Mündungsbereich El Rompido liegt, ist äußerst knifflig und daher auch recht interessant. Die Mündung des Flusses ändert ihre Lage nach jedem Winter, die Einfahrt ist aber betonnt. Man darf sich auch nicht davon irritieren lassen, daß die erste Einsteuerungstonne sehr weit östlich liegt (ca. 2 Meilen östlich der eigentlichen Flußmündung). Der Mündung vorgelagert liegen Sandbarren, auf denen sich auch bei leich-

tem Wind, manchmal schon von Fern erkennbar, Wellen brechen. Man nimmt die Einfahrt also in einem extrem großen Bogen. Eine Nachteinsteuerung verbietet sich, obgleich die äußeren Leittonnen befeuert sind, zu groß ist das Risiko einer Strandung. Kommt man das erste Mal hierher, ist es nicht falsch, bei halbem auflaufendem Wasser und ruhiger See einzulaufen. Auch für den Ortskundigen verbietet sich ein Einlaufen bei schwerem Seegang. Bei Niedrigwasser darf man an der flachsten Stelle, sie befindet sich ganz dicht am Strand nördlich der Banco de Levante, mit 1,8 m Wassertiefe rechnen. Das Fahrwasser schlängelt sich beängstigend dicht am Strand entlang und man muß gerade in den Sommermonaten auf Schwimmer achten, die auf die vorgelagerten Sandbänke schwimmen. Ein Kielboot hat hier so gut wie keine Ausweichmöglichkeiten nach backbord oder steuerbord, weil die Fahrrinne einfach zu eng ist. Hat man den Schutz der sandigen Halbinsel, die den Rio de las Piedras nach Osten ablenkt, geschafft, fährt man in eine hübsche Flußlandschaft hinein, steuerbord begrenzen Pinien den Blick und auf der Backbordseite sieht man die grün

Werft in El Rompido

bensmittelläden. Von der Tonne Nr. 1 bei El Rompido bis zur Einfahrt der Marina von Mazagon an der Mündung des Rio Odiel sind es 12 Seemeilen.

Mazagon (37° 08'N 006° 50'W)

liegt von hier aus etwa 2 Meilen flußaufwärts. Damit ist die Marina zur Einfahrt nach Huelva an einer strategisch sehr günstigen Stelle eingerichtet worden.

Rio Odiel – Einsteuerung

bewachsene sandige Halbinsel, die in der Punta del Gito de la Barra ausläuft. Hier hat der Fluß ungefähr 5 m Wassertiefe und man kann die ca. 1 Meile bis zu den Anlegemöglichkeiten von El Rompido hinauflaufen. Man wird dabei feststellen, daß man an ganzen Feldern von Ankerliegern vorbeikommt. Man kann natürlich problemlos überall im Fluß ankern. Befahrbar ist er bis knapp oberhalb von El Rompido.

Liegeplätze
Entweder man legt sich an eine der Bojen unterhalb des Leuchtturms oder geht weiter flußaufwärts vor eigenen Anker. Man liegt sehr schön und trotz der vielen Ankerlieger mit genügend „Luft" um das Boot herum.

Versorgungsmöglichkeiten
Es empfiehlt sich, Einkäufe mit dem Dingi durchzuführen. Man findet am Strand einige nette Restaurants. Die vor Ort beheimatete Werft hat am Ende einer auffällig langen Pier auch eine Tankstelle eingerichtet. El Rompido ist aber für die Verproviantierung mit Lebensmitteln nicht besonders geeignet, es gibt nur kleine Le-

Ansteuerung
Ihr größter Vorteil liegt darin, bei praktisch jeder Wetterbedingung, bei Tag und Nacht gefahrlos angelaufen werden zu können. Der Rio Odiel ist in seinem Unterlauf breit und frei von gefährlichen Untiefen. Die das Flußbett begrenzende Außenmole ist sehr weit ins Meer hinausgebaut und bietet guten Schutz sowie eine hervor-

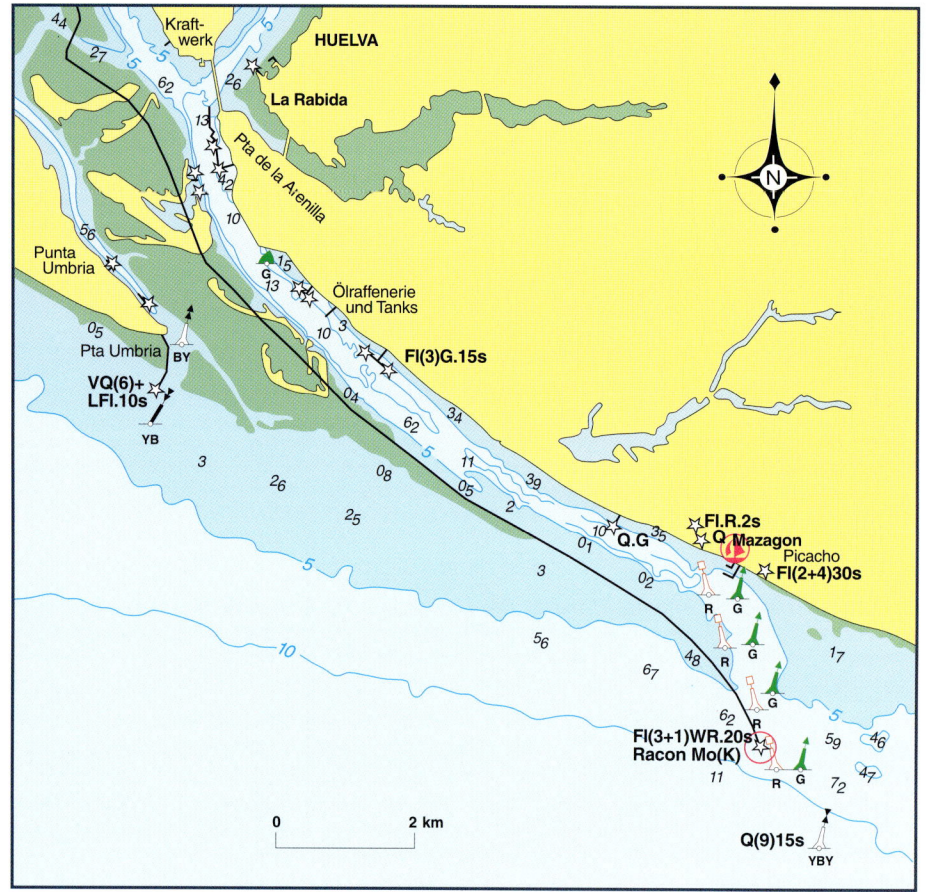

ragende Orientierungshilfe beim Anlaufen der Marina. Hat man den äußeren Kopf dieser Mole weiträumig gerundet, läuft man mit rwK 350° präzise auf die Marina zu. Da oberhalb des Flusses bei Huelva große Kaianlagen für die Verschiffung von Erzen für die nahegelegenen Kupfer- und Stahlwerke existieren, muß man mit nennenswertem Großschiffsverkehr rechnen.

Liegeplätze

Im unteren Teil ist der Rio Odiel trotz seiner künstlich aufgeschütteten Außenmole ein sehr natürlich wirkendes Gewässer, ganz im Gegensatz zu dem Teil weiter oberhalb, wo Rio Odiel und Rio Tinto zusammenfließen. Hier befinden sich große und leider auch häßliche Industriekomplexe, so daß es sich gar nicht lohnt, den Unterlauf des Flusses zu verlassen. Schon von daher ist die Marina Mazagon ein idealer Liegeplatz. Die Marina selbst bietet

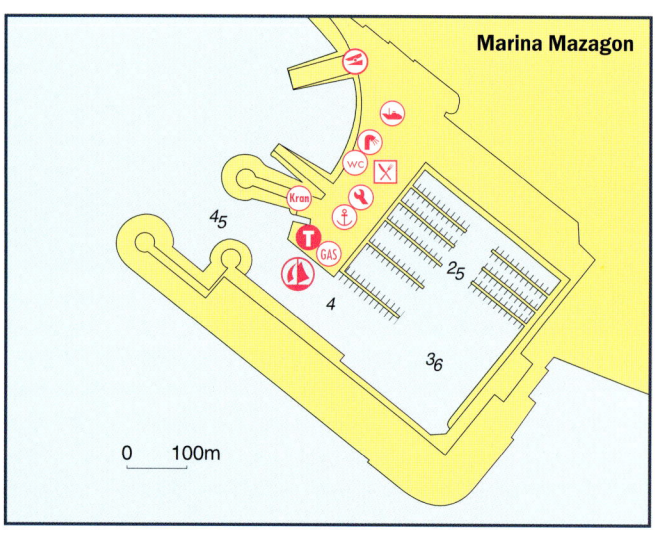

Denkmal der ersten Flugboot-
verbindung nach Südamerika

La Rabida

den ganzen Komfort eines hochmodernen Yachtha-fens. Da sie aber, wie viele ihrer Schwestern in der Ge-gend, noch sehr neu ist, fehlt ihr das nötige Quentchen urwüchsigen Charmes. Aber als Bootsabstellplatz ist sie – auch wenn man das Schiff länger alleine lassen will – hervorragend geeignet.

Versorgungsmöglichkeiten

Der Ort Mazagon ist eine touristische Ansiedlung, ein bißchen wie aus der Retorte. Man wird das Nötigste finden, aber es ist vom Hafen aus ein nennenswerter Weg in den Ort.

Touristik

Mazagon – das ist ein sommerlicher Ferienort mit 13 km Strandlänge und nimmt für sich den Ruhm in Anspruch, die meisten Sonnenstunden an der Costa de la Luz zu haben. Mazagon ist ein günstiger Ausgangspunkt zum Besuch der umliegenden historisch bedeutsamen Stät-ten aus der Columbus-Ära – des Örtchens Palos de la Frontera und des Klosters von La Rabida. Beide sind im Sommer mit dem Bus zu erreichen. Hoch über dem Zu-sammenfluß von Rio Odiel und Rio Tinto erhebt sich leuchtend weiß das Kloster von La Rabida. Wenn auch die Umgebung unten am Fluß durch Industrieanlagen verunstaltet ist, so ist das Kloster doch Anziehungs-punkt für viele Besucher. Schon seit der frühen Bronze-zeit war der Ort des heutigen Klosters als Kultstätte ge-

nutzt. Wahrscheinlich wäre der Ort vollkommen der Vergessenheit anheimgefallen, wäre nicht Christoph Columbus, nachdem er mit der Idee gescheitert war, den König von Portugal für seine Atlantiküberquerung zu gewinnen, hier vorbeigekommen. Auf dem Wege nach Palos de la Frontera kehrte er mit seinem Sohn im Kloster ein, um sich von den Mühen der Wanderung ein wenig auszuruhen. Der Zufall wollte es, daß die Patres Juan Perez und Antonio de Marchena ihn und seinen Sohn freundlich aufnahmen. De Marchena war zufällig Beichtvater der Königin Isabella, und es gelang Colum-bus, den Pater für seine Pläne zu begeistern. Wer weiß, wie die Geschichte der Neuzeit ausgesehen hätte, ohne diesen geschichtlichen Zufall. Jedenfalls gelang es Columbus und de Marchena im Zusammenwirken, Königin Isabella für die hochtrabenden Reisepläne des Columbus zu begeistern. Wenige Kilometer den Rio Tinto hinauf liegt der Ort Palos de la Frontera. Es ist ein kleines spanisches Provinzstädtchen mit einem typi-schen Marktplatz vor dem Rathaus, ansonsten aber ohne besondere Sehenswürdigkeiten. Aber gerade das typisch Andalusische macht den ganzen Charme des Örtchens aus. Leicht oberhalb des Rio Tinto gele-gen, war es vor gut 500 Jahren die Hafenstelle, von der aus die Columbus-Flotte mit ihren drei Schiffen in See stach. Steht man heute am Rio Tinto, hält man es kaum für möglich, daß hier Schiffe anlegen konnten – stark sumpfig, geradezu verlandet ist das Flußufer vom Ort aus kaum zu erreichen. Träge schiebt sich die dunkle Flut des Rio Tinto durch eine Niederung, die im Sommer vor Hitze flimmert. Am Nordende des kleinen Ortes sieht man unterhalb einer Parkanlage ein altes ziegelgemauertes Brunnenhäuschen, genannt La Fontanilla. Aus diesem Brunnen soll die Columbus-Flotte sich mit Wasser verproviantiert haben. Heute dienen Brunnen und Park als Schaubühne für sommerliche Festveranstaltungen. Sollte man das Glück haben, an einem Tag in Palos zu sein, an dem ein Flamenco-Abend vor der Kulisse des Brunnenhäuschens veranstaltet wird, sollte man diesen auf keinen Fall versäumen. Hier kann man inmitten der Bewohner des Ortes den Flamenco so ursprünglich erleben, wie in keiner Touristenhochburg. Die Abfahrtstelle der Columbus-Flotte ist heute nicht mehr zu sehen. Unterhalb des Ortes hat die Gemeinde einen Steg durch den Flußsumpf bis in die Flut des Rio Tinto gebaut. An dieser Stelle kann man zwar erahnen, wie die Schiffe der Columbus-Flotte den Rio Tinto Richtung neue Welt verlassen haben, es ist aber nicht diejenige Stelle, von der Columbus tatsächlich gestartet ist – sie soll weiter flußaufwärts gelegen haben. Ein Denkmal erinnert an die erste Postverbindung mit Südamerika, die mit Flugbooten aufgenommen wurde – man ließ das Flugboot damals von dieser historisch bedeutsamen Stätte starten.

Zwischen Mazagon und der Mündung des Rio Guadalquivir erstreckt sich über 28 Seemeilen Länge eines der schönsten Naturreservate Europas, die bekannte Donana. Weitgehend als Naturpark ausgebildet bietet sich das Mündungsdelta von Guadalquivir und Rio Odiel dem Betrachter als eines der letzten klassischen Sumpfreviere Europas dar. Viele bei uns selten gewordene Vogelarten, aber auch Schlangen, Schildkröten usw., besiedeln dieses einzigartige Feuchtbiotop. Passiert man die Strecke von See, fällt auf, daß die Bebauung abbricht. Nur noch ein zarter Strandstreifen mit dahinterstehenden Pinien zeigt sich – die Landschaft der Donana ist derart flach, daß es Erhebungen praktisch nicht gibt, wenn überhaupt, verschwinden sie ganz entfernt im Dunst. Das heißt aber auch, daß Landmarken – von wenigen, aber leicht zu verwechselnden Befestigungstürmen am Strand abgesehen, nicht auszumachen sind. Hält man sich jenseits der 10-m-Linie, dürf-

te, normale Wetterbedingungen vorausgesetzt, allerdings nichts schiefgehen, Unterwasserhindernisse gibt es hier keine. Unmittelbar südlich der Mündung des Rio Guadalquivir liegt die Marina von

Chipiona (36° 45'N 006° 26'W)

Ansteuerung
Bei der Querung der Flußmündung muß man auf ein- und auslaufenden Großschiffverkehr achten, der nach Sevilla den Fluß hinaufläuft. Die Südseite der Flußmündung ist äußerst klippenreich, so daß die Ansteuerung

Der Leuchtturm bei Chipiona

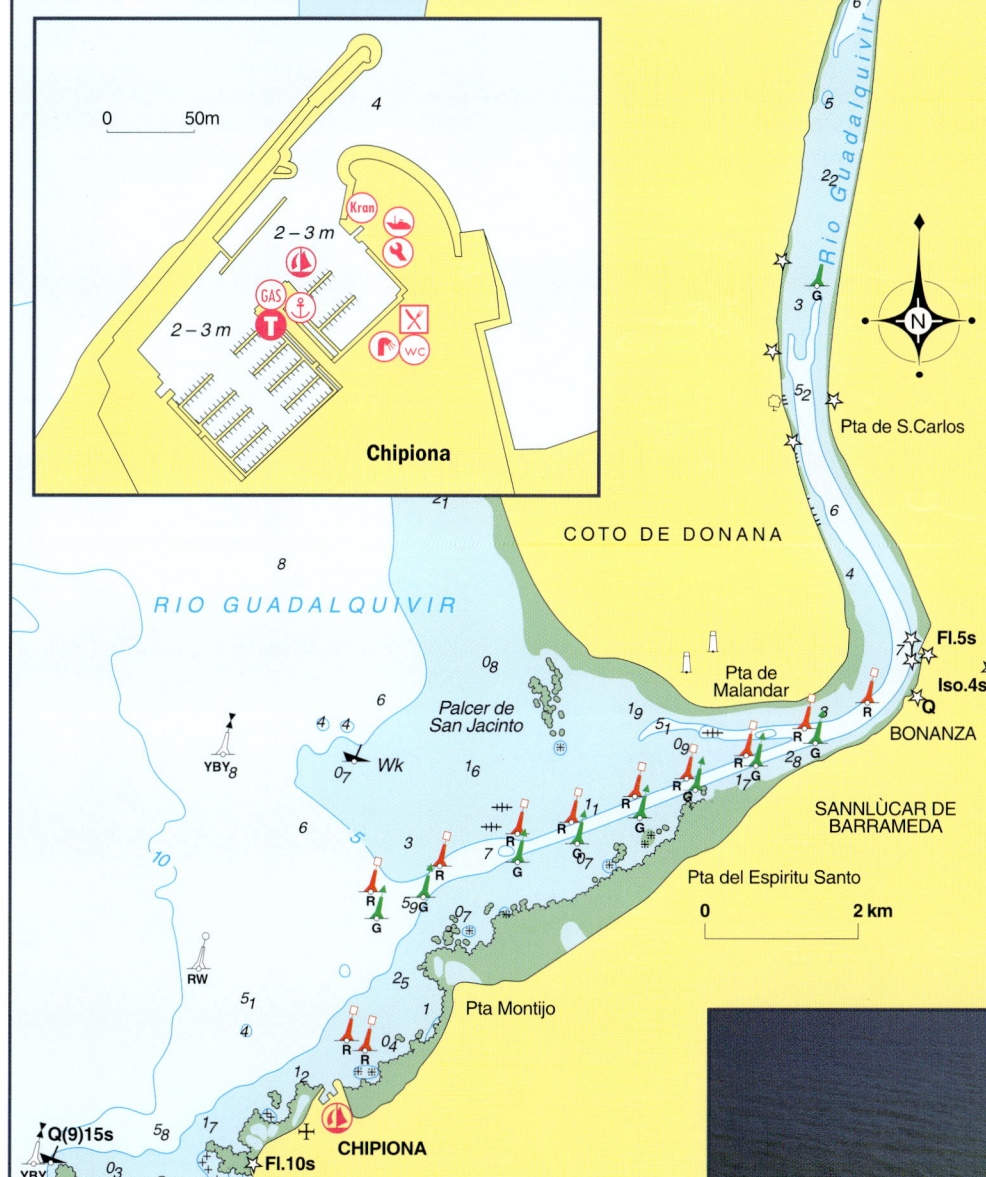

Chipiona

0   50m

2 – 3 m

Kran

GAS

T

2 – 3 m

WC

6

Rio Guadalquivir

5

22

G

3

52

Pta de S.Carlos

6

6

4

COTO DE DONANA

21

8

RIO GUADALQUIVIR

Fl.5s

7

Iso.4s

0,8

Pta de Malandar

Q

6

BONANZA

R

Palcer de San Jacinto

19

51

R

G

3

R

G

R

G

2,8

YBY 8

4   4

0,7   Wk

1,6

0,9

1,7

R

G

SANNLÙCAR DE BARRAMEDA

6

5

3

7

R

G

R

G

R

0,7

Pta del Espiritu Santo

R

5,9 G

0,7

0   2 km

G

RW

2,5

1

Pta Montijo

5,1

R

R

0,4

1,2

Q(9)15s

5,8

1,7

YBY

0,3

Bajo Salmedina

3,2

CHIPIONA

Fl.10s

Pta del Perro

N

von der Flußmündung freihält, desto besser. Nahe genug herangerückt, ist die Einfahrt zum Yachthafen leicht auszumachen. Eine Richtfeuerlinie 218° weist den Weg.

Liegeplätze

Auch Chipiona verfügt als entwickelter Touristikstandort über eine brandneue Marina. Das bedeutet: Liegeplätze sind genügend vorhanden, die Anlage ist modern, sauber, aber eben auch noch ein bißchen steril. Aber die Marina bietet technisch allen erdenklichen Komfort.

Versorgungsmöglichkeiten

Der nahegelegene Ferienort bietet gute Versorgungsmöglichkeiten, allerdings ist es ein gutes Stück von der Marina zu Fuß in den Ortskern.

Das Wrack auf der Bajo Salmedina

des Hafens von Chipiona sorgfältigst erfolgen muß. Bei starken westlichen bis südwestlichen Winden und ablaufendem Wasser bildet sich eine extrem steile und sehr kurze See, die manchmal sogar bricht – sehr ungünstige Bedingungen also. Je weiter man sich also

Marina Chipiona

Strand von Chipiona

Nur 10 Meilen südlich von Chipiona öffnet sich die ausgedehnte Bucht von Cadiz, an der einige Marinas für eine durchreisende Yacht in Frage kommen.

Rota (36° 37'N 006° 21'W)

Ansteuerung

Im nördlichen Scheitelpunkt der Bucht von Cadiz, ca. 1 Meile westlich der bekannten Marinebasis von Rota,

Marina Rota

liegt der alte Fischerort mit seiner noch relativ jungen Marina. Die Ansteuerung gestaltet sich nicht schwierig, die östlich gelegene Marinebasis mit ihren unübersehbar großen Schiffseinheiten bietet schon von Fern eine klare Ansteuerungshilfe. Der Ort mit seinen unverwechselbaren weißen, kubischen Häusern unmittelbar nördlich des Yachthafens ist eine weitere klare Ansteuerungsmarke. Näher herangerückt, sind die weit in die Bucht hinausgebauten Hafenmolen eine gute Orientierungshilfe. Eigentlich überflüssig zu erwähnen, daß die Marinebasis nicht angelaufen werden darf. Vor noch nicht allzu langer Zeit wurde sie von der US-Marine genutzt, dann aber an die spanische Marine übergeben. Seither ist es dort vielleicht ein wenig ruhiger geworden.

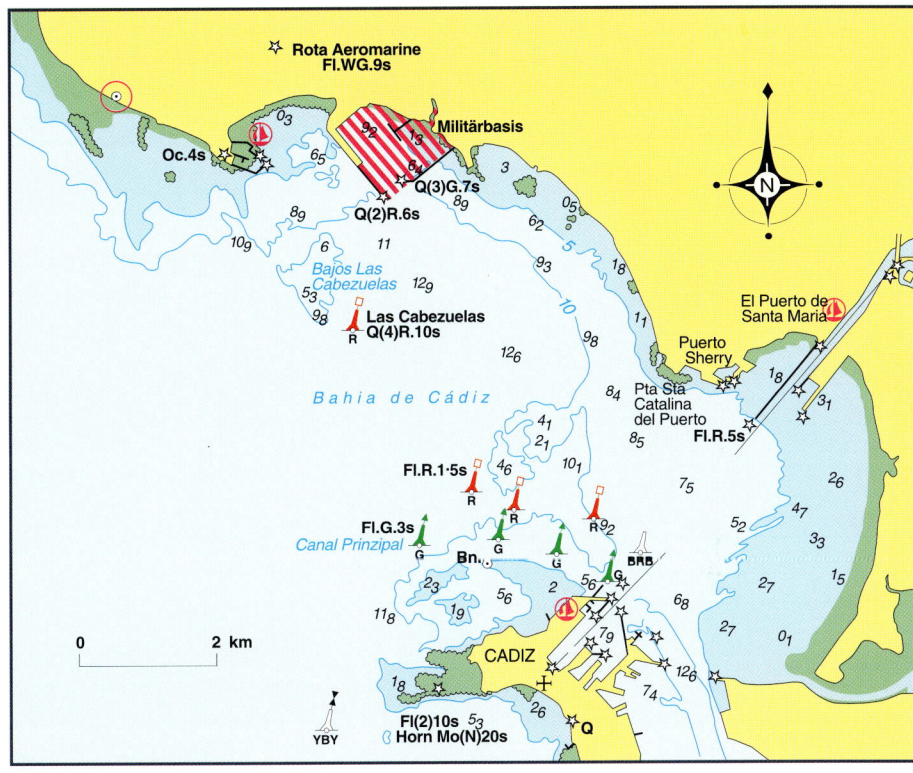

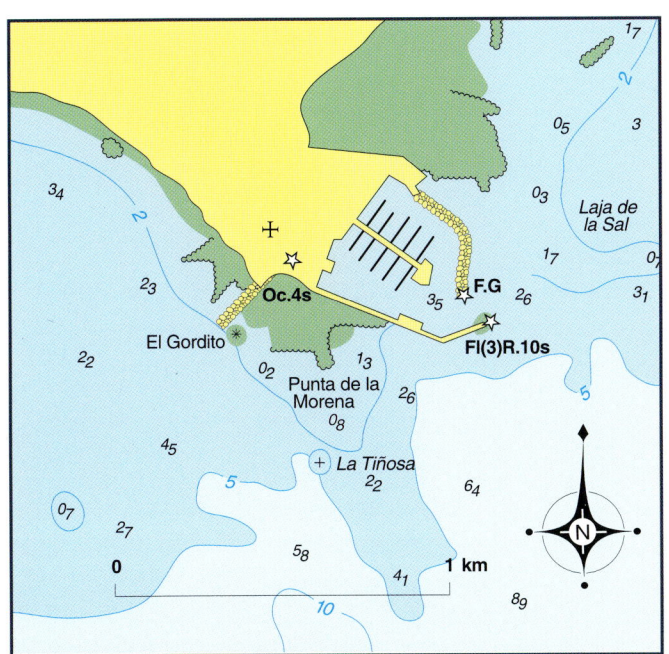

Liegeplätze

Die noch relativ junge Marina von Rota wurde von der Gemeinschaft andalusischer Yachthäfen errichtet. Sie bietet rund 350 Schiffen bis 18 m Länge ausreichend Liegeplatz. Die Marina verfügt über allen Komfort eines modernen Yachthafens, dazu über eine Tankstelle und die üblichen Serviceeinrichtungen. Die Wassertiefen betragen überall 2,5 m, so daß auch für tiefgehende Segelyachten Liegeraum problemlos zu bekommen sein müßte.

Touristik

Der ehemals verschlafene Fischerort Rota, der allein von seiner Bausubstanz her maurischen Ursprung nicht verleugnen kann, lebte eigentlich früher von der angrenzenden Marinebasis. Tourismus wird daher immer noch eher kleingeschrieben, obgleich er in letzter Zeit naturgemäß an Bedeutung gewonnen hat. Außergewöhnliche touristische Kleinodien darf der Besucher nicht erwarten. Man kann noch Reste einer mittelalterlichen Burg erkennen, aber im Ganzen trägt die Stadt eher die Züge eines spanischen Badeortes mit langen, piniengesäumten Stränden nordwärts gelegen und einer hübschen Strandpromenade nahe des Yachthafens.

Wäre die riesige Marinebasis nicht gewesen, hätte wohl niemand den Ort weiter beachtet.

Die wohl größte und bekannteste Marina an der Bucht von Cadiz ist

Puerto Sherry (36° 35'N 006° 15'W)

Hat man die Bucht von Cadiz erreicht, kann man direkt auf die Punta Santa Catalina del Puerto zuhalten, wobei

Puerto Sherry – im Hintergrund die Einfahrt nach Puerto de Santa Maria

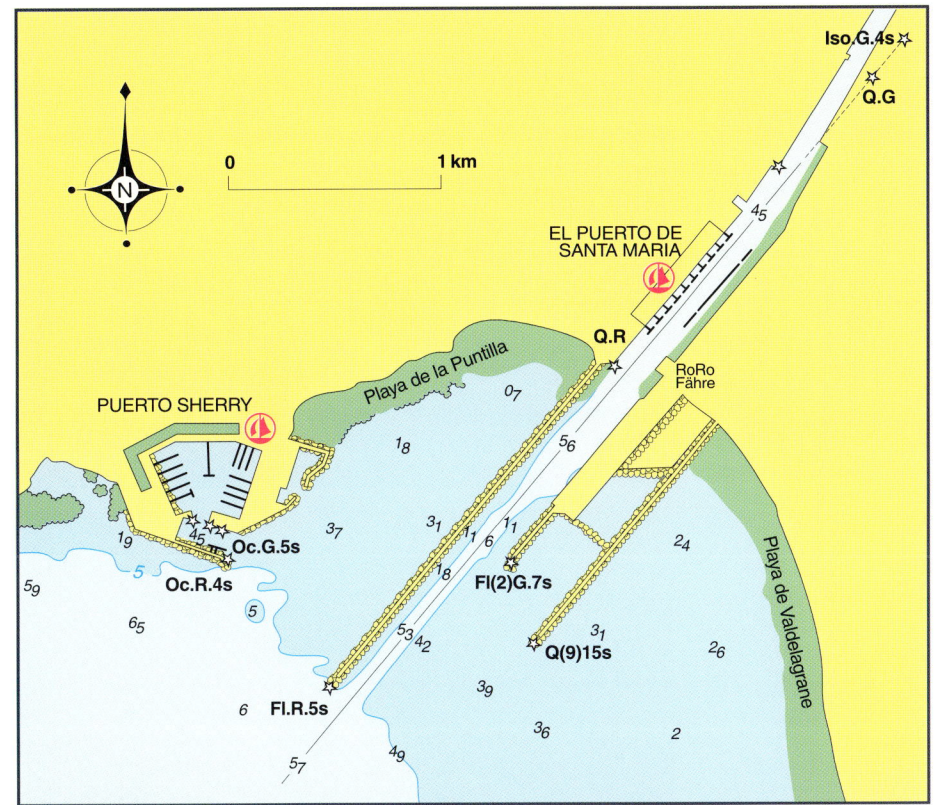

In Puerto Sherry

man lediglich auf die unbefeuerte 2-m-Untiefe La Galera nördlich von Las Puercas achten muß.

Liegeplätze

Diese perfekte und wohl älteste Marina der Costa de la Luz macht einen hervorragend geplanten Eindruck. Sie bietet ausgezeich-

Puerto Sherry

Die Mole von Puerto Sherry

nete Möglichkeiten, das Schiff auch länger alleine lie-
genzulassen. Mit ihren 800 Liegeplätzen für Boote
praktisch jeder Größe bietet sie an Schwimmstegen
den üblichen Marinakomfort. Die Umgebung ist weitestgehend fertiggestellt, lediglich einige Wohnblocks
scheinen sich nach wie vor im halbfertigen Zustand zu
befinden. Die Wassertiefen im Hafenbecken betragen
überall 4 m, im Vorhafen sogar bis zu 5 m.

Versorgungsmöglichkeiten
Die technische Einrichtung der Marina ist perfekt und
ein sehr guter Supermarkt liegt 1,5 km vom Hafen entfernt. Im Hafen selbst ist die Versorgung mit Lebensmitteln paradoxerweise äußerst problematisch. Einige
Restaurants und Cafés findet man direkt am Hafen.

Für denjenigen, der einen netten Yachtclub einer per-
fekten Marina vorzieht und lieber nahe bei dem klassischen Stadtzentrum liegt als auf der „freien Wiese", bietet sich eine Liegeplatzalternative. Es ist der Yachtclub
von

Puerto de Santa Maria

Puerto de Santa Maria
(35° 35,5'N 006° 14'W)

Ansteuerung
Der Yachtclub hat sein Domizil an der Mündung des
Rio Guadalete unterhalb des beschaulichen Fischeror-
tes Puerto de Santa Maria. Die Flußmündung ist durch

Real Club Nautico

Molen bis an die 5-m-Linie herangezogen und liegt eine halbe Meile südlich der Einfahrt zu Puerto Sherry. Hat man die Molenspitze erreicht, sind es bis zum Yachtclub knapp 2 Meilen flußaufwärts. Eine Richtfeuerlinie 40° weist den Weg durch das ca. 4 m tiefe Fahrwasser. Der Yachtclub hat seine Steganlagen auf beiden Seiten des Flusses. Man macht einfahrend backbord fest und läßt sich am besten einen Platz zuweisen.

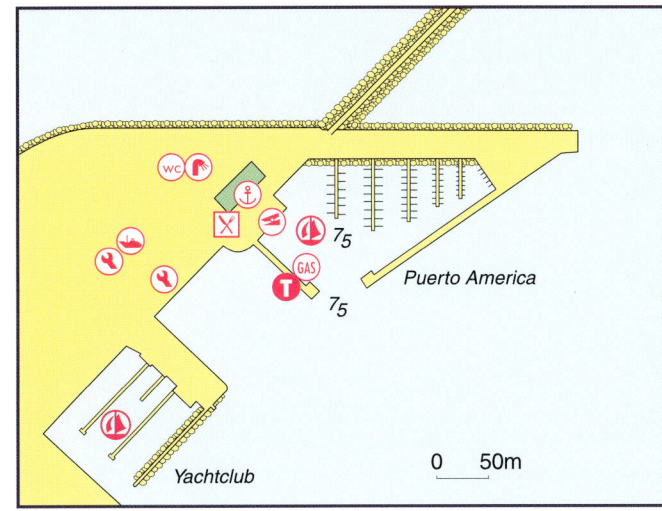

Versorgungsmöglichkeiten

Dank der Nähe zu dem beschaulichen Fischerort kann man Einkäufe sehr leicht und unproblematisch erledigen. Über eine Tankstelle verfügt der Hafen jedoch nicht.

Cadiz (36° 32,5'N 006° 16,5'W Einsteuerung)

Vor gut 3000 Jahren von Phöniziern jenseits der Säulen des Herakles gegründet, liegt diese Stadt faszinierend exponiert auf einer Insel, die nur über einen schmalen, sandigen Damm mit dem Festland verbunden ist. Für eine durchreisende Yacht waren die Möglichkeiten, in Cadiz anzulanden, nicht besonders günstig. Der kleine Yachtclub, in der Hafeneinsteuerung unmittelbar an steuerbord gelegen, war zu klein und vollbelegt. Dies hat sich durch den Bau der neuen Marina Puerto America (36° 32'36"N 006° 16'42"W) nur wenig geändert. Puerto America, unmittelbar neben dem örtlichen Yachtclub gelegen, bietet lediglich 142 Liegeplätze, die weitestgehend von Dauerliegern benutzt werden.

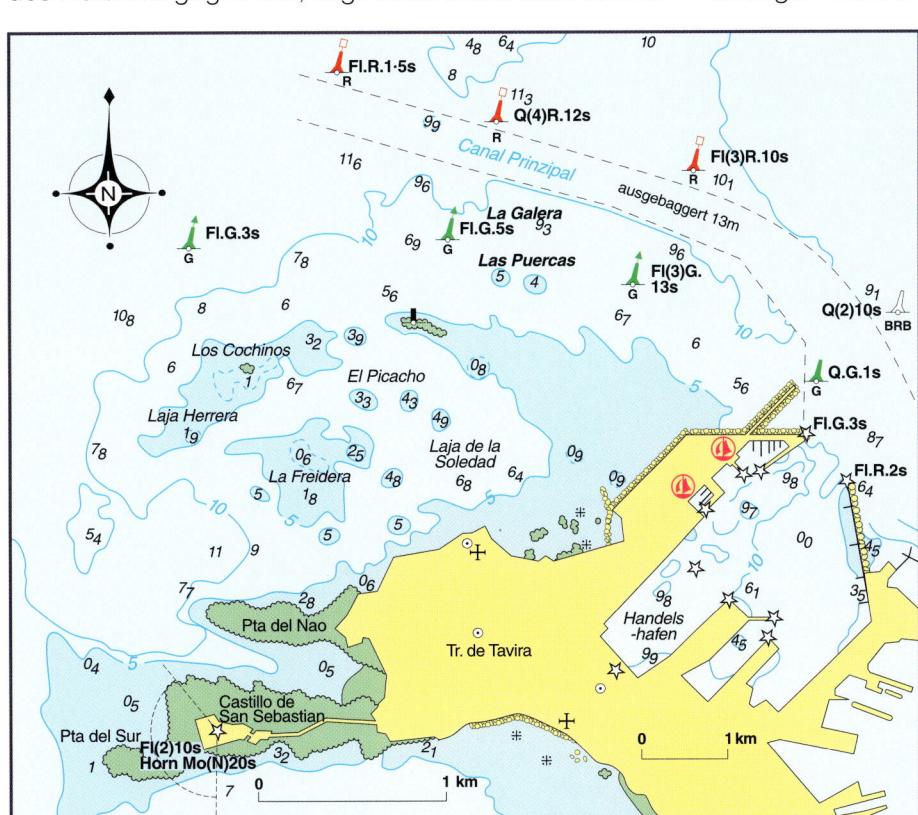

Ansteuerung

Hat man die Einsteuerung zum Haupthafen geschafft, befindet sich die Marina gleich rechter Hand unverwechselbar vor einer Containerstapelfläche. Cadiz ist gut geschützt und bei jeder Wetterlage anlaufbar. Die Wassertiefen in der Marina sind mit gut 7 m auch für große Schiffe geeignet –

Cadiz – Punta del Nao – Castillo de San Sebastian

der Manövrierraum ist indes eher beschränkt. Bei der Einsteuerung muß man die unmittelbar nördlich vorgelagerte, aber gut befeuerte Klippe Las Puercas beachten. Cadiz ist weithin erkennbar, nicht nur an seiner kubischen Bebauung, sondern vor allem an den vielen Werft- und Hafenkränen. Es ist eben eine Industriestadt, die so gut wie nichts Touristisches an sich hat. Ja, sie wirkt nicht einmal besonders spanisch, sondern könnte durchaus eher in Nordeuropa gelegen sein.

Liegeplätze

Die Marina bietet den üblichen zu erwartenden Komfort, wenn man einen Liegeplatz ergattert hat. Einlaufend backbord befindet sich eine relativ neue Tankstelle. Im übrigen ist weiterer Ausbau geplant, wenn auch noch nicht realisiert. Daher ist die Liegemöglichkeit für ein Urlauberboot nicht gut.

Versorgungsmöglichkeiten

Am Hafen gibt es noch keine Versorgungsmöglichkeiten. Man muß sich zum Stadtzentrum begeben, das rund 2 km entfernt liegt. Daher ist die Versorgungslage trotz der relativen Nähe einer der größten Städte Spaniens als schlecht zu bezeichnen. Vermutlich sind Puerto Sherry und Puerto de Santa Maria die besseren Liegemöglichkeiten für durchreisende Boote. Der kleine Yachtclub ist randvoll belegt und daher völlig tabu.

Touristik

Cadiz löst zwiespältige Gefühle aus. Die Lage des Or-

Cadiz – Puerto America

Cadiz – Außenmole

Marina Puerto America

tes auf einem mit dem Festland durch einen schmalen Damm verbundenen Kalkfelsen mitten im Atlantik ist spektakulär. Das machte den Ort schon für früheste Siedler in der phönizischen Besiedelungsepoche als Standort interessant – denn hier weht immer eine kühlende Brise selbst im heißesten Sommer. Zugleich führt die exponierte Lage aber auch dazu, daß der Ort sich nicht weiter ausdehnen konnte. Das Ergebnis sind auffällig viele klotzige Hochhäuser, die dem Auge nicht eben schmeicheln. Hinzu kommen mächtige Werft- und Industrieanlagen in Hafennähe. Heute ist Cadiz einer der wichtigsten Fährhäfen Spaniens, insbesondere im Verkehr mit den Kanarischen Inseln. Während des Zeitalters der Entdeckung der Neuen Welt, auch Columbus segelte zu seiner zweiten und vierten Expedition von Cadiz aus los, wurde Cadiz neben Sevilla zum wichtigsten Hafen insbesondere für die aus der Neuen Welt zurückkehrenden silber- und goldbeladenen Galeonen. Natürlich zog dieser Reichtum damals auch britische Freibeuter, wie den berühmten Sir Francis Drake, an, der die Stadt 1587 überfiel. Der Ort wirkt heute auf eine ganz merkwürdige Art völlig unspanisch. Woran es eigentlich liegt – ich vermag es nicht zu sagen. Es ist ganz nett, vom Hafen aus über die Plaza de Espana mit ihrem ausladenden Denkmal vorbei durch die Strassen der Altstadt zu schlendern – überwältigend Sehenswertes wird man jedoch kaum finden. Die Stadt war eben immer ein Ort von Handel und Wandel, aber weniger eine touristisch herausragende Stätte und daran hat sich bis heute nichts geändert.

Läuft man von Cadiz in südöstlicher Richtung weiter zur Strasse von Gibraltar, muß man auf die der Küstenlinie bis zu 3 Meilen vorgelagerten Sände und Flachs besonders achten. Hier können sich unangenehme Grundseen bilden. War die Landschaft nördlich von Cadiz besonders flach und eintönig, treten jetzt lang-

Die Schlacht bei Cabo Trafalgar

Sieht man das niedrige Kap mit seinem anmutigen Leuchtturm in sommerlich glitzernder Hitze wie es sich gleich einer niedrigen Insel keck in den Atlantik reckt, glaubt man kaum ‚dass hier Weltgeschichte geschrieben wurde. Im Jahre 1805 hatte Napoleon weite Teile Europas unterworfen, nicht jedoch England. Er beabsichtigte aber, trotz des Friedensvertrags von Amiens, auch die britischen Inseln zu besetzen und bereitete zielstrebig eine Invasion vor. Lediglich der britischen Flotte, die den Ärmelkaqnal kontrollierte, hatte er nichts entgegenzusetzen. Admiral Villeneuve sollte die französische Marine im Kanal durch ein Geschwader aus Toulon verstärken, was dem berühmten Lord Nelson als Befehlshaber eines britischen Geschwaders im Mittelmeer nicht verborgen blieb. Nach einer Verfolgungsfahrt von 14000 sm kreuz und quer über den Atlantik bis Westindien und zurück nach Europa, wurde Villeneuve mit seinen Schiffen vom Ärmelkanal abgedrängt und nach Cadiz genötigt. Damit bestand für Napoleon keine Chance mehr, die für eine Invasion Englands nötige Seeüberlegenheit im Kanal zu erringen. Deshalb wandte er sich gegen Österreich und befahl das Geschwader Villeneuves ultimativ zu einem Entlastungsangriff auf Neapel ins Mittelmeer. Rund 20 sm westlich Cabo Trafalgar traf das Geschwader Villeneuves bei leichten westlichen Winden am 21.10.1805 auf die in Luvposition stehenden Schiffe Nelsons. Der Entscheidungskampf war unausweichlich geworden. Nelson durchbrach in einem strategisch von vielen als genial bezeichneten Manöver Villeneuves Linie mittig und so geschickt, das er Mitte und Nachhut mit massierten Kräften angreifen konnte, ohne dass die gegnerische Vorhut in das Geschehen eingreifen konnte. Damit war die Schlacht für Nelson entschieden. Bei dem Gefecht wurde der Admiral von einem französischen Scharfschützen allerdings tödlich verwundet. Sein letzter Gedanke galt dann der seemännischen Sicherheit seiner Schiffe und Mannschaften, weil die Einheiten während des Gefechts und bei auffrischendem Wind der Leeküste bei Cabo Trafalgar näher und näher gekommen waren. „Ankern Sie, Hardy, ankern Sie!" war sein letzter Befehl an seinen Stellvertreter, den dieser aber nicht ausführte. Dadurch gingen die meisten aufgebrachten Schiffe in dem nachfolgenden Sturm verloren.

Cabo Trafalgar

sam die Berge des Hinterlandes etwas näher an die Küstenlinie heran und die Kliffküste erhebt sich ein wenig höher. Bei Cabo Trafalgar, rund 26 Meilen südöstlich von Cadiz, knickt die Küstenlinie in östlicher Richtung zur Strasse von Gibraltar deutlich ab. Zumeist ändern sich an dieser Stelle auch die Windbedingungen. Das heißt, die Leitwirkung der Gibraltar-Strasse ist deutlich spürbar und die Windstärken beginnen langsam aber stetig zuzunehmen. In der Strasse selbst werden sie gegenüber dem umgebenden Seerevier in der Regel um 2 Beaufort verstärkt. Hat man Cabo Trafalgar gerundet, und zwar weiträumig wegen der zum Teil felsigen vorgelagerten Untiefen, sind es noch rund 5 Meilen bis zum kleinen Fischerhafen von

Barbate de Franco (36° 11′N 005° 56′W)

Ansteuerung
Die Strömungen unter der Küste sind stark, aber für ein nach Osten laufendes Fahrzeug bietet die Passage der Strasse von Gibraltar strömungstechnisch gesehen kein Problem. Umgekehrt ist hingegen sehr genau mit dem Strom zu rechnen. Am Fuße einer hübschen grün bewaldeten Kliffküste befindet sich der Fischerort Barbate, der für seine zahlenmäßig große Thunfisch-Fang-

Barbate

flotte bekannt ist. Die Erkennbarkeit des Hafens von Fern ist nicht ganz einfach. Er befindet sich dicht westlich des Landschaftseinschnittes, den der Rio de Barbate mit seiner sumpfigen Flußmündung unmittelbar östlich des Ortes bildet. Früher war der Fluß die einzige Anlaufstelle für die örtlichen Fischer und für durchreisende Boote. Seit der Fischerhafen und die neue Mari-

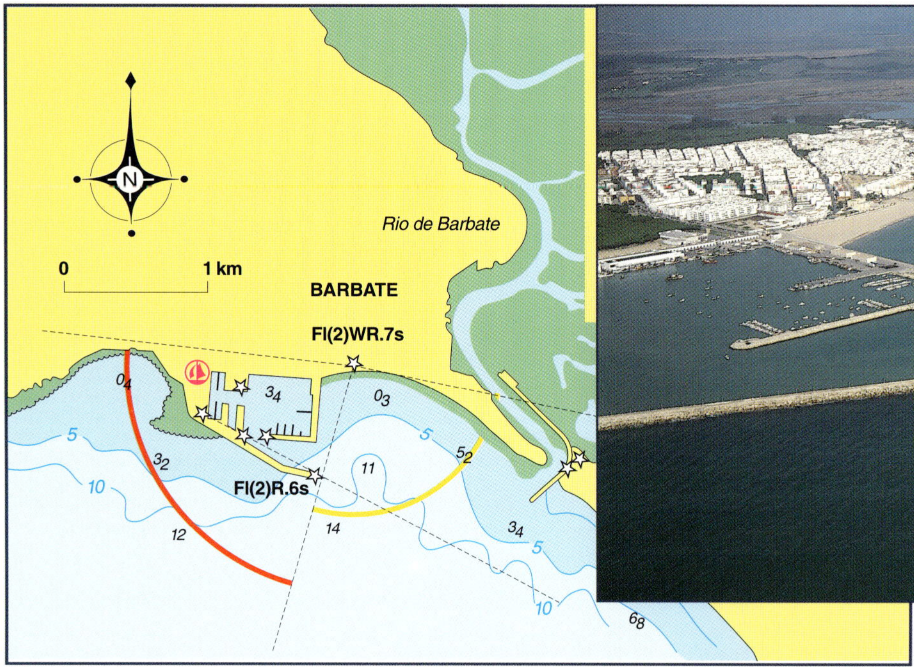

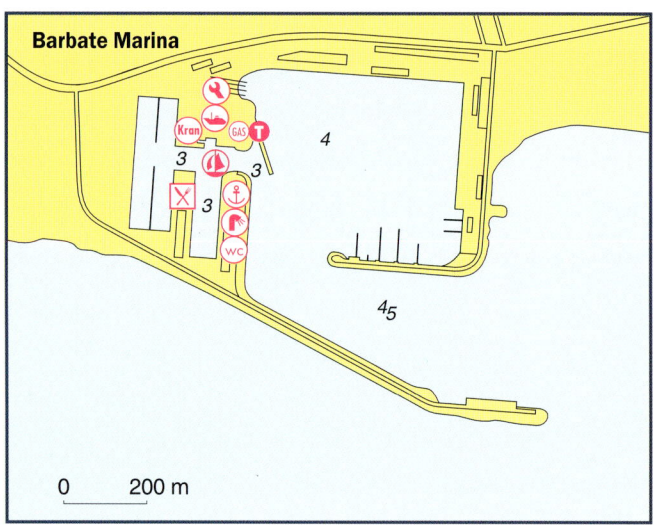

Rio de Barbate

BARBATE

Fl(2)WR.7s

Fl(2)R.6s

**Barbate aus
Südwest gesehen**

Barbate Marina

Kran
GAS

WC

0   200 m

Küste bei Barbate

na errichtet worden sind, hat der Fluß aber an Bedeutung verloren – über kurz oder lang ist vermutlich sogar damit zu rechnen, daß sich vor seiner Mündung eine flache Barre bildet. Der Ort ist erkennbar an seinen auffällig weißen, kubischen Flachbauten und der weit vorspringenden äußeren Schutzmole. Hat man sie gerun-

det, befindet sich der den Yachten vorbehaltene Teil der Marina einsteuernd auf der Backbordseite. Der Hafen kann bei jedem Tidenstand angelaufen werden.

Liegeplätze
Die Marina von Barbate bietet 250 Schiffen praktisch jeder Größe Platz. Die Wassertiefen betragen überall gut 3 m. Die technische Ausstattung läßt keine Wünsche offen, das Ambiente wirkt allerdings noch ein bißchen steril – es bleibt zu hoffen, daß sich das in den nächsten Jahren noch ändert. Einlaufend auf der Steuerbordseite befindet sich die Tankstelle, ihr gegenüber die Hafenmeisterei mit dem Wartekai.

Versorgungsmöglichkeiten
Versorgungseinrichtungen in der Marina gibt es noch keine. Lebensmittel bekommt man im Ort – von dem man aber nichts Besonderes erwarten sollte.

Barbate gewinnt seine Bedeutung für den Yachtsport in erster Linie aus seiner strategisch günstigen Lage. Die 30 Meilen zwischen Gibraltar und Barbate kann eine schnellaufende Yacht mit einer Tide etwa schaffen, was

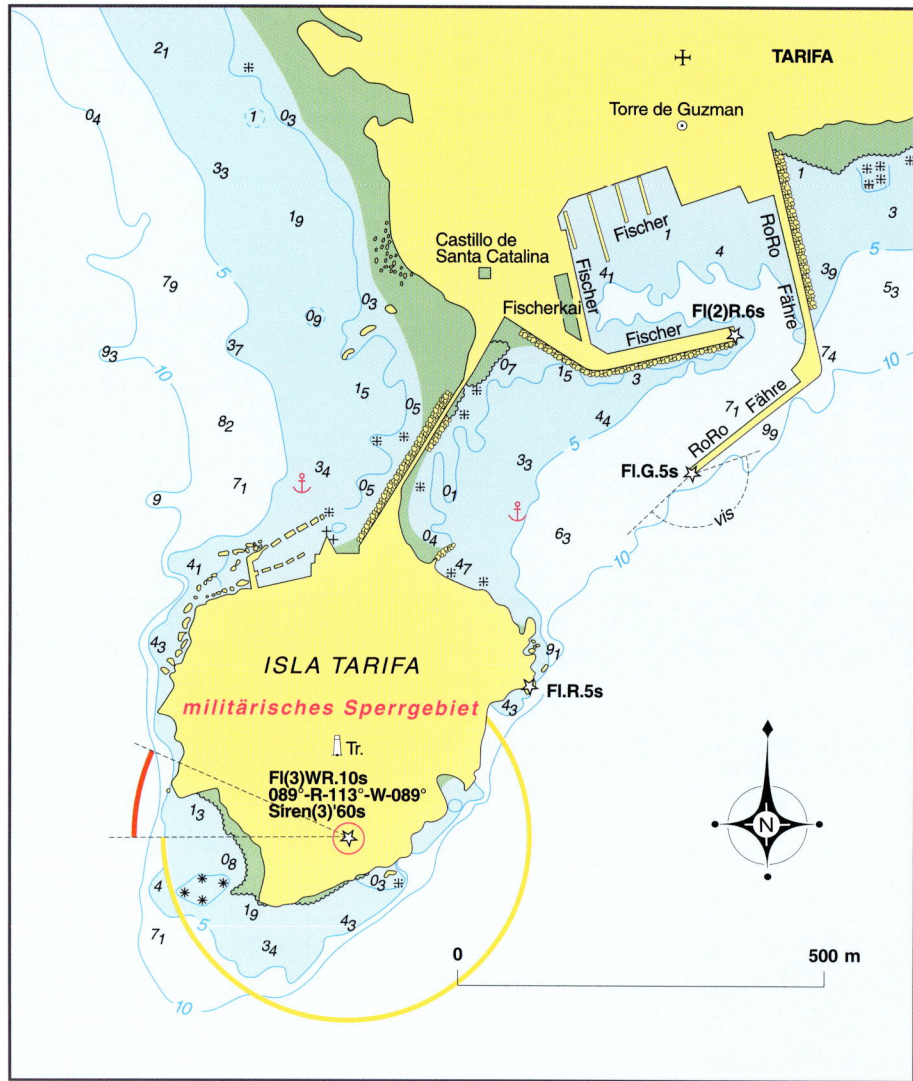

Tanger auf der afrikanischen Seite der Strasse von Gibraltar. Von alters her hatte Tarifa immer eine besondere strategische Bedeutung als eine Art vorgeschobener Wachposten Europas. Noch heute ist dies daran erkennbar, daß die dem Ort vorgelagerte kleine Insel, die lediglich durch einen schmalen Damm mit dem Festland verbunden ist, ein ausschließlich militärisch genutztes Fort darstellt. Das Betreten dieser Anlagen ist nach wie vor untersagt. Diese vorgeschobene Festung mit dem Strassendamm hat für ein durchreisendes Boot aber einen sehr günstigen Nebeneffekt – je nach Windrichtung kann man entweder östlich oder westlich des Leitdamms auf gut haltendem Sandgrund (östlich) oder Sandgrund mit Steinen durchsetzt (westlich) relativ geschützt ankern. So ist Tarifa eine ideale Zwischenstation für ein kleines, das heißt langsames Boot, das die schwierige Passage der Strasse von Gibraltar in Ost-West-Richtung durchführen will.

Ansteuerung

Unverwechselbare Landmarke ist der 40 m hohe Leuchtturm auf der Südspitze der Isla Tarifa, auf der sich die militärische Anlage befindet. Der eigentliche Hafen, östlich der Isla Tarifa gelegen, ist für Yachten ungeeignet, er bleibt den kommerziellen Fischern und vor allem dem Fährverkehr vorbehalten.

Liegeplätze

Dicht unter der Isla Tarifa – gut frei von der Hafeneinfahrt – kann man auf 4 bis 6 m Sandgrund ordentlich ankern. Weht kräftiger Levante, bietet sich der Ankerplatz unmittelbar westlich des Leitdammes zwischen

bei der Ost-West-Passage der Strasse von Gibraltar schon eine gehörige Leistung ist. Für alle Schiffe, die weniger schnell laufen, ist die Zwischenstation

Tarifa (36° 00'N 005° 36'W)

von erheblicher strategischer Bedeutung. Tarifa besitzt jedoch keinen Yachthafen. Es ist ausschließlich ein Fährhafen für die schnelle Verbindung nach Ceuta und

Tarifa – Hafen und Stadt

Blick auf Isla Tarifa

Isla Tarifa und dem Festland an, hier kann man auf 3 bis 6 m Tiefe über mit Felsen durchsetztem Sandgrund ebenfalls gut ankern.

Versorgungsmöglichkeiten

Die Versorgungsmöglichkeiten in Tarifa sind recht gut und nicht weit entfernt vom Ankerplatz. Speziell für die Nutzer des kleinen Strandes ist sogar eine Stranddusche eingerichtet, die auch einer Bootscrew sehr hilfreich sein kann, wenn sie die Strasse von Gibraltar bei

Ankerplatz östlich des Dammes

widrigen Umständen (ist hier zumeist der Fall) passiert hat und sich von Salzverkrustungen befreien möchte. Noch einmal sei deutlich darauf hingewiesen, daß die gesamte Isla Tarifa militärisches Sperrgebiet ist und man sich daher von der Insel selbst entfernt halten sollte. Eine gewisse Nervosität muß man den Behörden hier schon zugestehen, da die Wege des Rauschgifts

dank der hervorragenden Fähranbindung zwischen Tarifa und Nordafrika hier besonders dicht vorbeilaufen.

Touristik

Der Ort, als Fährhafen nach Nordafrika quasi der kleine Bruder von Algeciras, besticht durch seine malerischen engen Gassen und seine hübsche Lage am

Ankerplatz westlich des Dammes

In Tarifa

Das Stadtwappen

ESTOTE FORTES IN BELLO

Hang eines Hügels. Die mächtigen Befestigungsanlagen des militärischen Forts – auf der kleinen Halbinsel vorgelagert – sind nicht zu besichtigen. Es handelt sich immer noch um militärisches Sperrgebiet. Aber es macht großes Vergnügen, vom Hafen aus durch die Gassen der Altstadt zu schlendern und dem bunten Treiben zuzusehen. Im Sommer ist der Ort voll mit Surfern, die die charakteristischen kräftigen Winde mitten in der Strasse von Gibraltar zu schätzen wissen, aber auch jugendliche Rucksacktouristen auf dem Wege

Isla Tarifa von Ost

Die Strasse von Gibraltar ist eine der meist befahrenen Wasserstrassen der Welt. Die Großschiffahrt wird in diesem Gebiet in größerem Abstand zur Küste durch ein Verkehrstrennungsgebiet geleitet und kommt so mit der Sportschiffahrt wenig in Berührung.

nach Marokko prägen das bunte, vielgestaltige Bild. Dabei braucht man keine Furcht vor drangvoller Enge zu haben, alles verläuft sich doch ganz gut. Die mächtige Burganlage wurde unter der Herrschaft Abd Er-Rahmanis III. im 10. Jahrhundert gegründet. Benannt wurde sie nach Alonso Perez de Guzman, der Kommandant der Festung, nachdem sie im Jahre 1292 von den christlichen Truppen zurückerobert wurde.

Die Legende erzählt, daß nach der Eroberung die Mauren sofort zum Gegenangriff starteten und den Sohn des Kommandanten Guzman als Geisel zu ermorden drohten für den Fall, daß Guzman nicht aufgebe.
Dieser hielt dem Angriff stand und opferte so das Leben seines Sohnes. König Sancho verlieh ihm daraufhin den Ehrentitel El Bueno, was soviel wie „der Gute" heißt.

Ortsregister

Impressum

Volker Lipps
Atlantikküste von Lissabon bis zur Strasse von Gibraltar
Häfen, Ankerplätze, Landgänge
ISBN 3-88412-325-4
1. Auflage 2000
© DSV-Verlag GmbH, Hamburg
Herausgeber: DSV-Verlag GmbH,
Gründgensstrasse 18
22309 Hamburg

Titel/Layout/Kartengrafik: machart, Hamburg
Lithografie: Reproform, Hamburg
Druck: Girzig+Gottschalk, Bremen

Printed in Germany

Bildnachweis:
Luftaufnahmen Bernd Euler, Hamburg;
alle anderen Fotos Volker Lipps, Dr. Susanne Lipps,
Düsseldorf

Grafik:
Seekartenausschnitte nach Katalog Bade & Hornig,
Hamburg